# HANDELN UND VERANTWORTEN

**kon kordia**

**Ethik 5
Handeln und Verantworten**

*Autoren:*

Harald Herrmann
Helmut Wamsler

ISBN 3-7826-4105-1

© 1994  Konkordia Verlag GmbH
Eisenbahnstraße 31
77815 Bühl
Telefon (0 72 23) 98 89 64
Telefax (0 72 23) 98 89 45

Alle Rechte vorbehalten. Das Werk einschließlich aller seiner Teile ist urheberrechtlich geschützt. Jede Verwertung außerhalb der engen Grenzen des Urheberrechtsgesetzes ist ohne Zustimmung des Verlages unzulässig und strafbar. Das gilt insbesondere für Vervielfältigungen, Übersetzungen, Mikroverfilmungen und die Einspeicherung und Verarbeitung in elektronischen Systemen.

Die letzte Zahl bezeichnet das Jahr dieses Druckes:   1997   96   95   94

Gesamtherstellung: Konkordia Druck GmbH, Eisenbahnstraße 31, 77815 Bühl

# Inhaltsverzeichnis

Vorwort ................................................................................................ 5

Der Mensch und sein soziales Verhalten ............................................ 7
    Wahrnehmung eigenen und fremden Verhaltens ........................... 8
    Regeln des Zusammenlebens ........................................................ 24
    Sitte und Gesetz ............................................................................ 37
    Die 10 Gebote ............................................................................... 45
    Die Goldene Regel ........................................................................ 49
    Wenn es keine Gesetze gäbe ........................................................ 50
    Ohne Normen kein Zusammenleben ............................................ 52
    Wenn Gesetze übertreten werden ................................................. 55
    Wer gegen Verhaltensregeln verstößt .......................................... 60

Entscheiden und Handeln .................................................................. 63
    Entscheidungen im Alltag ............................................................. 63
    Wie soll ich mich entscheiden ...................................................... 69
    Handeln im Affekt ........................................................................ 73
    Überlegtes Handeln ....................................................................... 80
    Wie sich Entscheidungen auswirken ............................................ 82
    Beurteilung von Entscheidungen .................................................. 91
    Außergewöhnliche Lebensentscheidungen ................................ 106

Der Umgang des Menschen mit Natur und Kreatur ........................ 111
    Natur als Lebensraum für Pflanze, Tier und Mensch ................. 115
    Die Feldflur als offener Lebensraum .......................................... 128
    Eingriff des Menschen in die Natur ............................................ 133
    Auswirkungen der Wassernutzung ............................................. 138
    Auswirkungen der Verstädterung ............................................... 140
    Folgen der Luftverschmutzung ................................................... 141
    Problem Müll .............................................................................. 142
    Aktivitäten zur Müllvermeidung ................................................. 144
    Tierhaltung .................................................................................. 151
    Wer ist verantwortlich ................................................................ 172
    Natur als Schöpfung ................................................................... 176
    Natur-Quiz .................................................................................. 183
    Verpflichtung zur Verantwortung ............................................... 184

Glossar ............................................................................................. 185
Textnachweise ................................................................................. 187
Bildnachweise ................................................................................. 190

Wörter mit Sternchen(*) werden im Glossar erklärt

## Zur allgemeinen Zielsetzung des Faches Ethik

Für unsere Kinder und Jugendlichen wird es immer schwieriger, sich in der modernen Welt zurechtzufinden. Sie werden oft vor Entscheidungen gestellt, die für sie neu und schwierig sind. Besonders in einer Zeit des Umbruchs und der Verunsicherung leistet das Fach Ethik einen wesentlichen Beitrag, dem Orientierungsverlust vieler Jugendlicher entgegenzuwirken. Der Ethikunterricht will dem Schüler helfen, in einer pluralistischen Gesellschaft unterschiedliche Standpunkte wahrzunehmen und sich mit ihnen auseinanderzusetzen. Er lernt dabei, sein eigenes Handeln bewußter und wertbezogener zu gestalten und Verantwortung in verschiedenen Lebensbereichen zu übernehmen. Grundlage ist dabei die Achtung vor der Menschenwürde, wie sie im Grundgesetz und in der Landesverfassung verankert ist.

Die Schüler der Klasse 5 werden im Ethikunterricht angeregt, eigenes und fremdes Verhalten wahrzunehmen und darüber nachzudenken. So entwickeln sie Verständnis für unterschiedliche menschliche Verhaltensweisen und für die Notwendigkeit von Normen. Sie sollen erkennen, daß jedes Handeln unterschiedliche Auswirkungen hat und auch verschieden beurteilt wird. An konkreten Beispielen erfahren sie Möglichkeiten zu verantwortungsbewußtem Umgang mit der Natur.

Die vielfältigen Materialien dieses Ethikbuches – Bilder, Fotografien, Karikaturen, Grafiken, Erzählungen, Gedichte, Sachtexte, Erlebnisberichte, Collagen und Aufgabenstellungen – wollen zunächst Lehrern und Schülern helfen, einen Zugang zu den einzelnen Inhalten zu finden. Ausgehend von konkreten Situationen aus dem Erfahrungsbereich der Schüler ermöglichen die Texte und Bilder eine Auseinandersetzung mit ethischen Fragestellungen. Sie liefern vielseitige Diskussionsgrundlagen, wollen zum Nachdenken und Überprüfen der eigenen Urteile anregen und dabei auch zum Widerspruch herausfordern. Besonders wichtig war es uns, die Auswahl der Materialien so zu gestalten, daß die Schüler angeregt und ermutigt werden, ihre eigenen Erlebnisse und Erfahrungen in den Unterricht einzubringen. Dazu dienen vor allem die Aufgabenstellungen. Das Ethikbuch vermittelt auch Wissen und enthält Texte und Bilder, die über Sachverhalte informieren und Unterrichtsinhalte zusammenfassen. Wir haben aber bewußt darauf verzichtet, Unterrichtsergebnisse auszuformulieren. So kann der Ethiklehrer – ohne Einengung durch das Buch – für seine Schüler je nach Unterrichtsverlauf entscheiden, was er als konkreten Unterrichtsertrag festhalten möchte. Wir haben uns bemüht, die Materialien so reichhaltig zusammenzustellen, daß der Ethiklehrer aus einem vielseitigen Angebot auswählen kann. Er muß also, um die Unterrichtsziele zu erreichen, innerhalb der einzelnen Einheiten nicht sämtliche Beiträge bearbeiten.

Wir wünschen uns, daß dieses Ethikbuch dazu dienen kann, den Unterricht abwechslungsreich zu gestalten. Für Anregungen aus dem praktischen Umgang mit unseren Materialien sind wir stets offen.

Die Verfasser

# Der Mensch und sein soziales Verhalten

# Wahrnehmung eigenen und fremden Verhaltens in Alltagssituationen

### Verhaltensweisen im persönlichen Bereich

**Selber leben**

Spielzeug, das auf Knopfdruck geht,
das allein läuft und sich dreht,
Fernsehsendungen, ganz viele,
Videos und Fernsehspiele
und, wenn wir dann noch hätten,
Walkman mit Musikkassetten.
So kann man die Zeit verbringen
heutzutag mit vielen Dingen,
braucht sich in den Stuhl nur setzen,
muß nicht selber laufen, hetzen;
denn die ganzen schönen Sachen
laufen, ohne daß wir etwas machen.
Sagt mal, ist das nicht bequem
und für Kinder angenehm?

Komisch, nur der kleine Klaus
denkt sich selber Spiele aus.
Er erfindet, bastelt, malt,
liest und geht mal in den Wald,
in den Garten ganz daneben
und erlebt noch echtes Leben.
Lebt nicht einfach nur vom Band,
lebt nicht nur aus zweiter Hand,
sondern freut sich stets daran,
daß er selber leben kann.

*Helmut Zöpfl*

*Beide Kinder auf den vorhergehenden Fotos spielen. Stellt Vermutungen an, was in den beiden Kindern vor sich geht.*

– *Was versteht ihr unter „Spielen"? Schreibt das in euer Heft!*

– *Besprecht Spiele, die euch besonders begeistern! Welche Rolle spielen hierbei eure Eltern und eure Freunde? Welche Spiele könnt ihr nur mit euren Eltern, welche nur mit euren Freunden spielen? Begründet eure Meinung!*

– *Was versteht Helmut Zöpfl in diesem Gedicht unter „Leben vom Band" und „Selber leben"?*

**Meine Eltern und ich**

**Dann gehe ich**

Tilmans Eltern hatten sich wieder einmal gestritten. In der letzten Zeit geschah das fast regelmäßig. Trotzdem kann Tilman sich nicht daran gewöhnen. Anlaß sind meistens Kleinigkeiten: verlegte Gegenstände, eine zu heiße Suppe, kleine Verspätungen, eine unbezahlte Rechnung oder ein falsch verstandenes Wort.

Am schlimmsten ist es, wenn Tilmans Vater Überstunden machen muß. Dann kommt er noch nervöser nach Hause als sonst. Wie am Dienstag vor zwei Wochen.

Es war viertel nach sieben, als das bekannte Motorengeräusch zu hören war. Tilmans Mutter hob die Gardine ein wenig hoch und schaute hinaus, um sich zu vergewissern.

„Er ist es", sagte sie. „Endlich."

Wenig später kam Ludwig Röber herein, sagte kurz „'nen Abend", nahm die Zeitung und setzte sich an seinen Platz. „Stell den Kasten mal ein bißchen leiser!"

Tilman erhob sich und drehte die Lautstärke zurück. Die Sendung interessierte ihn ohnehin nicht.

Seine Mutter brachte dem Vater das Abendbrot. Aber der las weiter Zeitung.

„Jetzt iß doch endlich etwas; du hast doch bestimmt Hunger; die Zeitung läuft …"

„Ich werd' wohl noch in Ruhe Zeitung lesen dürfen", fiel er ihr ins Wort. „Wenn ich den ganzen Tag arbeiten muß, will ich wenigstens abends Ruhe haben. Oder ist das zuviel verlangt?!"

„Reg dich doch nicht gleich so auf!"

„Ich reg' mich ja nicht auf, du regst mich auf mit deiner ständigen Nörgelei!"

„Ich hab's doch nicht so gemeint."

„Du hast es nie so gemeint! Trampelst mir ständig auf den Nerven herum, meinst es aber nicht so!"

Tilman hielt sich die Ohren zu. Die Worte taten ihm weh. Er sah im Fernsehen, wie Weinflaschen automatisch abgefüllt, verkorkt und etikettiert wurden. Den Ton dazu lieferten seine Eltern, besonders sein Vater.

„Wenn das nicht bald anders wird, dann gehe ich!" schrie er auf einmal.

Tilman zuckte richtig zusammen. Das saß, fraß sich fest, ging tief hinein.

Seine Eltern stritten weiter, aber Tilman verstand sie nicht mehr. Er hörte nur noch die drei Worte: dann gehe ich, dann gehe ich, dann gehe ich …

Irgendwann hörten sie auf zu streiten. Tilman ging auf sein Zimmer. Er setzte sich an den neuen Schreibtisch, nahm den Zeichenblock aus der Schultasche und begann zu zeichnen.

Die ersten beiden Blätter zerriß er. Auf dem dritten Blatt war nach über einer Stunde ein gedeckter Tisch zu sehen, an dem eine Frau und ein Junge saßen. Der Platz an der Stirnseite des Tisches war leer. Die Uhr an der Wand zeigte zehn Minuten vor sechs.

Das Bild war noch nicht fertig, da hörte Tilman, wie die Tür ganz vorsichtig geöffnet wurde. Er drehte sich nicht um, spürte aber, daß seine Mutter hinter ihm stand.

„Geh jetzt schlafen", sagte sie nur. Sonst nichts.

Sie beugte sich von hinten über Tilman und drückte ihm einen Kuß auf die Stirn. Dann ging sie wieder hinaus.

Tilman schaute das Bild an. Nach einer Weile nahm er einen Radiergummi und radierte die Frau langsam und sorgfältig aus.

Erst gegen 22 Uhr legte er sich ins Bett.

Am nächsten Tag war fast alles wie üblich. Nur machte Tilman in der Schule viel Quatsch und sorgte so dafür, daß die Stunden nicht allzu langweilig verliefen.

Nach den Hausaufgaben hockte er mit seinen Freunden zusammen.

Zwischen 17 und 17.30 Uhr wurde Tilman unruhig. Er schaute öfter auf seine Uhr. Die anderen fragten ihn, was er denn habe.

„Nichts", sagte Tilman, „ich muß nur um halb sechs zu Hause sein."

Sie versuchten ihn umzustimmen, aber ohne Erfolg. Tilman schnappte sein Fahrrad und fuhr los.

Seine Mutter freute sich, daß er so pünktlich war. Sonst mußten sie oft mit dem Abendbrot auf Tilman warten, wenn der Vater kurz nach 17.30 Uhr von der Arbeit kam.

Es war noch nicht halb. Tilman drehte die Musik ab und stellte sich ans Fenster. Sein Blick ging abwechselnd zu der Uhr und hinaus auf die Straße. Die dazwischenliegenden Abstände wurden immer kürzer.

„Was ist denn los", fragte seine Mutter, „was hast du denn?"

„Es ist doch schon halb vorbei; warum kommt er denn nicht?" sagte Tilman mehr zu sich selbst als zu seiner Mutter.

„Er wird schon kommen. – Tilman, was habt ihr heute in der Schule gemacht?"

„Nichts Wichtiges", antwortete er beinahe mechanisch.

„Das glaub' ich nicht; komm, erzähl mal!" Sie wollte ihn auf einen Stuhl drängen, doch Tilman wich aus.

„Er müßte längst hier sein", murmelte er wieder vor sich hin. „Es ist doch schon zehn nach halb."

„Sei nicht kindisch", herrschte sie ihn an. „Du weißt genau, daß er manchmal etwas später kommt. Und hör auf, ständig auf die Uhr zu sehn, das macht mich ganz nervös!"

Tilman reagierte nicht mehr auf ihre Worte. Er fing an, leicht zu zittern, redete ununterbrochen mit sich selbst und biß an seinen Fingernägeln herum.

Plötzlich hörte er den Wagen seines Vaters, und im selben Moment löste sich die Spannung.

„Er kommt", sagte Tilman und setzte sich. Seine Mutter schüttelte nur den Kopf.

So geht das jetzt seit zwei Wochen, obwohl sein Vater ihm versichert hat, daß er das mit dem Fortgehen nicht so gemeint habe. Das nützt alles nichts. Wenn es 17 Uhr vorbei ist, fängt es langsam an. Vor drei Tagen hat Tilman sogar einen Weinkrampf bekommen, weil sein Vater eine Autopanne hatte und deshalb eine halbe Stunde später als sonst nach Hause kam.

Wenn es Tilmans Mutter zuviel wird, schlägt sie einfach zu. Sie weiß, daß das nicht richtig ist, aber sie weiß sich manchmal nicht mehr anders zu helfen.

*Manfred Mai*

- *Weshalb kann es zum Streit zwischen Eltern kommen?*

- *Warum ist das jetzt hier für Tilman besonders schlimm?*

- *Welche Ängste könnten bei Tilman entstanden sein? (Sucht die genaue Formulierung im Text!)*

- *Was könnte man eurer Meinung nach tun, um solche Ängste zu verhindern bzw. zu verringern?*

- *Überlegt für euch selbst, ob ihr über diese Geschichte mit euren Eltern sprechen wollt!*


**„Können wir das erlauben?" –
„Klar! Wir können allein zu Hause bleiben!"**

Die Eltern von Birgit (13) und Michael (11) können ihren Urlaub nicht in der Ferienzeit ihrer Kinder nehmen; Großeltern oder andere Verwandte sind nicht da, um auf die Kinder aufzupassen und sie zu versorgen.

Da meint ihre Mutter so nebenbei: „Ihr könnt doch diese eine Woche mal ohne uns auskommen – oder?" Jubelnd begrüßen die Geschwister diesen Vorschlag. Ihr Vater dagegen macht ein bedenkliches Gesicht. „Du traust uns auch gar nichts zu!" meint Michael. „Alles trau ich euch zu!" kontert der Vater und es beginnt ein lebhaftes Gespräch.

- *Spielt dieses Gespräch! Tauscht mehrfach die Rollen! Welche Argumente werden verwendet?*

- *Wie verläuft das Gespräch?*

- *Auf welche Weise kommt es zur Entscheidung?*

- *Wie würden eure Eltern zu dieser Entscheidung stehen?*

**Neu in einer Klasse**

**Anna**

Anna war zu Beginn des vierten Schuljahrs neu in die Klasse gekommen. Herr Seibmann, der Klassenlehrer, hatte sie an einem Morgen vor sich durch die Tür geschoben und gesagt: Das ist eure neue Mitschülerin. Sie heißt Anna Mitschek. Seid nett zu ihr. Sie ist erst seit einem halben Jahr in Deutschland. Vorher lebte sie mit ihren Eltern in Polen.

Alles war komisch an Anna.

Sie hatte keine Jeans an, sondern ein zu langes altmodisches Kleid. Sie hatte nur einen Zopf, und auch der war zu lang. Sie war blaß und dünn und schniefte.

Ben fand Anna scheußlich.

Ein paar fingen an zu kichern.

Benehmt euch, sagte Herr Seibmann. Er setzte Anna neben Katja an den Tisch, und Katja rückte gleich ein bißchen weg von Anna. Anna tat so, als merke sie das alles nicht.

Ben fand, Anna passe nicht in die Klasse. Er musterte sie noch einmal. Da hob sie den Kopf und guckte ihn an. Er fuhr richtig zusammen. Sie hatte riesige braune Augen, die waren ungeheuer traurig. Solche Augen hatte er noch nie gesehen. Er wußte auch nicht, wie er darauf kam, sie traurig zu finden. Er dachte: Solche Augen darf man nicht haben. Sie machen einem Angst. Er sah nicht mehr hin.

In den nächsten Tagen kümmerte sich niemand um Anna. Herr Seibmann mahnte die Klasse, nicht gemein zu sein. Wenn Anna wenigstens mal heulen würde, dachte Ben. Das tat sie nicht. Katja fand Anna ekelhaft. Die stinkt, meinte sie, und richtig schreiben kann sie auch nicht. Mit zehn kann die nicht einmal richtig schreiben.

Bernhard sagte: Die kann vielleicht polnisch schreiben.

Die ist überhaupt eine Polin und keine Deutsche, sagte Katja.

Wahrscheinlich hat die in Polen nicht bleiben dürfen, meinte Bernhard.

Wegen Dauerstinken, sagte Katja.

Das war Ben zuviel. Er packte Katja am Arm. Hör bloß auf. Du stinkst doch selber.

Katja riß sich los und schrie so laut, daß es alle in der Klasse hören konnten: Der verteidigt Anna. Ben liebt Anna!

Ben ging auf Katja los und preßte ihr die Hand auf den Mund. Sie wurde im Gesicht rot und zappelte. Laß doch, rief Regine. Paß auf, die kriegt keine Luft mehr!

Sie hatten nicht bemerkt, daß Herr Seibmann in der Tür stand und ihnen schon eine Weile zuhörte.

Laß Katja los, Ben! Herr Seibmann hatte eine Mordswut. Die war ihm anzusehen. Er forderte sie auf, an die Plätze zu gehen.

Plötzlich war es ganz still in der Klasse. Weil es so mucksmäuschenstill war, hörten sie Anna schluchzen. Sie wollte es verbeißen. Es gelang ihr nicht. Die Tränen liefen ihr über die Backen. Sie wischte sie immer wieder weg und schniefte dazu.

Herr Seibmann ging zu Annas Tisch und sagte Katja, sie solle ihren Platz mit Regine tauschen. Zu Regine sagte er: Vielleicht kannst du Anna helfen. Dann hielt er seine Rede. Er sprach zwischen den Zähnen. Er hätte wohl lieber gebrüllt.

Es kann jedem von euch passieren, daß er in eine andere Stadt und in eine andere Schule kommt. Und jeder von euch wäre erst mal fremd. Bei Anna ist das noch viel schlimmer. Sie ist in einem anderen Land, in Polen, aufgewachsen und zur Schule gegangen. Dort, in der Schule, hat sie nur polnisch gesprochen. Zu Hause deutsch und polnisch. Ihre Eltern haben in Polen gelebt, aber sie sind

# Wahrnehmung eigenen und fremden Verhaltens

Deutsche. Sie haben den Antrag gestellt, in die Bundesrepublik umzuziehen. Nun sind sie da. Sie wollen endlich zu Hause sein. Anna auch. Ihr macht es ihr schwer.

Ben linste zu Anna hinüber. Sie hatte den Kopf gesenkt. Es war gar nicht sicher, ob sie auf Herrn Seibmanns Rede hörte.

Was kann man machen, sagte Bernhard nach der Schule. Nix, sagte Katja. Sie ließen Anna in den nächsten Tagen wieder allein. Selbst Regine gab es auf, ihr helfen zu wollen. Die ist blöd, sagte sie, die redet nicht mit mir. Die ist saudumm, kann ich euch sagen.

Begonnen hat es dann mit einem alten Tennisball. Den hatte irgendeiner auf dem Schulhof gefunden. Sie hatten ihn sich im Rennen zugeworfen. Ben, Bernhard und Jens. Anna stand unter dem Kastanienbaum an der Schulhofmauer. Wieder alleine für sich. Sie stand da wie ein Ausrufezeichen. Richtig vorwurfsvoll. Ben fand das doof.

Blöde Kuh, dachte er. Wir wollen ja. Die will nicht! Er holte aus und warf.

Der Ball traf Anna mitten auf die Stirn. Es klatschte. Anna schrie kurz auf. Gleich wird sie heulen, dachte Ben und wartete darauf.

Alle andern waren stehengeblieben, hatten ihre Spiele unterbrochen und schauten auf Anna. Sie blieb still, rieb sich die Stirn, drehte sich sehr, sehr langsam zur Mauer. Das war gemein, sagte Regine.

Ben hatte plötzlich einen Riesenzorn auf sich selber. So was Doofes, sagte er, und meinte sich. Es hörte sich aber so an, als meinte er Anna.

Es ist wahr, er hat Anna treffen wollen. Er hat ihr sogar weh tun wollen.

Das geschieht ihr recht. Bernhard klatschte Beifall wie im Theater oder Zirkus. Ben sagte: Hättest du doch geschmissen, du ...

Jetzt bist du auf einmal feige, was? Bernhard rannte mit den andern fort. Die Pause war zu Ende.

Ben schlenderte hinterher, ging aber nicht ins Klassenzimmer. Er wollte doch auf Anna warten. Sie kam nicht. Er lief zurück auf den Hof. Sie stand noch immer unterm Kastanienbaum. Er wollte rufen: Anna! Aber das wäre zuviel gewesen. Sie könnte denken, er wollte sich an sie ranmachen.

Es tat ihm leid, daß er geworfen hatte. Sonst nichts.

Anna, sagte er dann doch so laut, daß sie es hören mußte.

Sie blieb mit dem Rücken zu ihm stehen, rührte sich nicht. Wenn die nicht will, dachte er sich. Selber schuld.

Da guckte sie zu ihm hin. Auf ihren Backen waren Streifen von Dreck. Sie hatte sich mit den Händen die Tränen weggewischt. Ihre Augen wirkten noch trauriger als sonst. Mannomann, solche Augen! Sie ging die paar Schritte auf ihn zu. Die Hände hielt sie vor dem Bauch gefaltet, als wollte sie gleich losbeten.

Ben sagte: Tschuldigung.

Anna sagte: So schlimm war's nicht.

Aber du hast geheult.

Weil ihr alle mich nicht mögt.

Ich mag dich aber, sagte er. Das hatte er gar nicht sagen wollen! Ui! schrie er.

Was ist denn los? fragte sie.

Nichts.

Sie sagte: Du hast gesagt –.

Doch Ben hielt sich die Ohren zu und heulte wie eine Sirene. Er sah, daß Anna redete. Er konnte sie nicht hören. Darüber war er froh. Er war völlig durcheinander und rannte vor ihr her.

Sie kamen zu spät aus der Pause. Herr Seibmann machte keinen Zirkus wie sonst, sondern sah Ben und Anna nur prüfend an.

Also, nun können wir ja mit dem Übungsdiktat anfangen. Bernhard stöhnte.

Will einer was dazu sagen? fragte Herr Seibmann.

Die ganze Klasse schüttelte wie ein Mann die Köpfe.

Das Diktat verhau' ich, dachte Ben. Ganz bestimmt.

Die Stimme von Herrn Seibmann war plötzlich ganz nah: Benjamin Körbel, schläfst du oder wachst du?

Ben versuchte aufzupassen.

*Peter Härtling*

– *Beschreibt, wie sich Anna nach ihrem ersten Schultag fühlte!*

– *Wie ist das Verhalten von Annas Mitschülerinnen und Mitschülern zu erklären?*

– *Liebt Ben Anna wirklich? Weshalb heult er?*

– *Welche Probleme hat eine neue Mitschülerin oder ein neuer Mitschüler, wenn er in eure Klasse kommt?*

## Situationstypische Verhaltensweisen

### Fair play

**Fairness:** engl., Anständigkeit, Gerechtigkeit, eingedeutscht Fairneß, anständige Haltung; dann, auf den Bereich des Sports eingeengt, die Haltung des Fair play, zu verstehen als Ritterlichkeit, Anständigkeit, im weiteren Sinn das entsprechende Verhalten in bürgerlichen und geschäftlichen Beziehungen, besonders bei der Einhaltung von Abmachungen und Verträgen.
*(dtv-Lexikon, Bd. 5)*

## Gute Vorsätze sind wie weggeblasen

*Was Schülern im Sportjugend-Wettbewerb zum Thema Fairneß eingefallen ist*

„Wir sollten zur Familie, zu Freunden, in der Schule, im Verkehr, im Alltag und im Sport fair sein. Leider ist es nicht immer leicht, fair zu handeln. Im Sport ist es auch nicht immer leicht, fair zu sein. Wenn man nämlich unbedingt im Spiel und im Wettkampf den Gegner besiegen will, greift man im Eifer allzuleicht zu unsportlichen Mitteln. Bin ich fair? Ich nehme es mir zwar stets vor, fair zu sein, doch im Wettkampf gelingt es mir nicht immer. Die guten Vorsätze sind im Eifer des Spiels dann wie weggeblasen." *Jessica Löffler (10)*

„Mehr Fairneß könnte zum Beispiel von einigen Fußballspielern verlangt werden. Manche Fußballspieler foulen einen anderen Spieler und leugnen es danach ab. Sie sollten aber so fair sein und es zugeben. Aber am besten wäre es, erst gar nicht zu foulen. Beim Sport in der Schule ist es manchmal nicht viel anders. Bei Spielen, wie zum Beispiel Völkerball und Volleyball will jede Mannschaft gewinnen. Dabei werden die Spieler manchmal unfair. Sie nehmen dann bei Spielen wie Völkerball den Ball aus dem Feld der anderen. Nicht fair ist es auch, wenn bei Spielen wie Handball oder Basketball nur die guten Spieler den Ball bekommen und die schlechteren nie. Fair wäre es, wenn die guten Spieler den schlechteren Spielern den Ball abgeben würden. So würden sie in dem Spiel auch ein bißchen besser werden, anders können sie es gar nicht lernen. Jeder sollte versuchen, fair zu sein. Man sollte bei einem Spiel fair sein, egal ob man am Verlieren oder am Gewinnen ist." *Stefanie Wilhelm (14)*

„Schüler werden viel zu wenig über das Verhalten, eben über Fairneß, aufgeklärt, d. h. ganz im Gegenteil, man hetzt die Schüler gegenseitig auf. Gerade bei Mannschaftsspielen, wo sich die Gruppen näherkommen sollten, treten auch die meisten Verfeindungen auf, die auch nach dem Spiel weiter ausgetragen werden. Und gerade dies kommt allzuoft von der Lehrkraft, die meint, daß man das Interesse am Unterricht daran erkennen kann, wie sich die Schüler beispielsweise beim Ballspiel für den Ball einsetzen, ‚koste es, was es wolle' – auch die Freundschaft. Aber nicht nur seitens der Schüler, sondern auch seitens der Lehrkräfte verlange ich mehr Fairneß. Meine älteste Schwester war als Schülerin nie besonders sportlich veranlagt, und anstatt daß die Lehrkraft sie ab und zu lobte, wenn sie etwas konnte, ließ man meine Schwester links liegen und machte sie obendrein psychisch total fertig, indem man sie vor allen Mitschülern eine ‚Pflaume' hieß und sie obendrein noch auslachte, als sie zu weinen begann." *Sabine Hauser (18)*

– *Stellt zusammen, was die Schülerinnen unter fair bzw. unfair verstehen! Seid ihr mit allen Äußerungen einverstanden? Begründet eure Meinung!*

– *Erzählt von euren eigenen Erfahrungen mit Fairneß!*

– *Von zwei Schülerinnen werden Vorwürfe gegen Lehrkräfte erhoben. Überlegt euch gemeinsam, wie ihr dieses Verhalten der Lehrkräfte ändern könnt!*

– *Wie könnte ein fairer Dialog geführt werden?*

## Wahrnehmung eigenen und fremden Verhaltens

**Meine Freunde und ich** – *Eine Umfrage:*

*Wie sollten sich deine Freunde beim Spielen verhalten?*

*Peter:* Sie sollten freundlicher sein, nicht prügeln, mich mitspielen lassen und sich daran halten, was wir mit Mehrheit abgestimmt haben.

*Michael:* Sie sollen fair sein, verlieren können, nicht mogeln und nicht mitten im Spiel aufhören.

*Was ärgert dich manchmal an deinen Freunden?*

*Peter:* Wenn sie angeben und ständig streiten. Wenn sie immer mogeln!

*Michael:* Manchmal lachen sie mich aus, wenn ich neben das Tor schieße. Mich ärgert auch, wenn sie ungerecht sind oder foulen.

– *Stellt die Eigenschaften zusammen, die gewünscht werden, z. B. „Freundlichkeit"!*

– *Klärt diese Begriffe und überlegt euch, weshalb sie für uns wichtig sein können!*

– *Gibt es hierbei einen Unterschied zwischen Mädchen und Jungen?*

– *Schreibt in euer Heft, wie ihr euch eine ideale Freundschaft vorstellt!*

## Statustypische Verhaltensweisen

### Was man von uns erwartet – Was ich von anderen erwarte

*Was erwartest du von deinen Lehrern?*

Dazu Schüler der Klasse 5c – 1993

*Sebastian:* Sie müssen immer gut gelaunt sein – nett zu den Schülern sein – nicht immer so aufbrausend – nicht zu viele Strafarbeiten
*Ute:* daß sie so erklären, daß man es versteht – nicht zu streng sein – nicht meckern – alle drannehmen
*Sylvia:* keine Lieblingsschüler – keine Hausaufgaben bei schönem Wetter – nicht immer beim Wandertag an dieselbe Stelle gehen – Spaß verstehen
*Hansi:* Ich erwarte, daß sie nicht so viel Striche verteilen – daß sie nicht so viel schreien – daß sie nicht so viele Hausis aufgeben
*Thomas:* daß sie uns ein gutes Vorbild sind – keine Ausdrücke sagen – das Strichsystem gerecht machen – immer nett zu uns sein – daß wir unsere Meinung sagen dürfen

Klasse 13 – Gk Deutsch – 1993

*Sabine:* Gerechtigkeit
Verständnis
Toleranz
daß man mit ihnen reden kann, daß sie Kritik vertragen
Ehrlichkeit
Kompetenz
*Wolfgang:* Bei einigen weniger autoritäres Auftreten, keine ständige Einschüchterung durch schlechte Noten; bei einigen weniger Geschwafel, sondern Förderung der Diskussion der Schülerinnen untereinander; mehr auf die Schülerinnen eingehen, ihnen zuhören, nachfragen ...
*Silke:* Fairneß, Hilfe, gute Vorbereitung aufs Abi; daß man mit ihnen reden kann und nicht einfach abgestempelt wird

– *Faßt die Erwartungen in Begriffe zusammen! Erklärt, was sie im einzelnen bedeuten!*

– *Worin unterscheiden sich eure Erwartungen von denen der älteren Schüler? Woher könnte der Unterschied kommen?*

– *Was könnt ihr machen, wenn eure Lehrer/innen nicht ganz euren Erwartungen entsprechen?*

*Was erwartest du von deinen Mitschülern/innen?*

Schüler der Klassen 5 und 13 antworten:

Klasse 5c:

*Ute:* ehrlich sein – gerecht – einem helfen – nicht die Freundin wegschnappen
*Sylvia:* einem helfen – nett sein – nicht meckern – einem nicht die Freundin wegnehmen – ehrlich und gerecht sein
*Sebastian:* kein Angeber sein – keine Prügeleien – nicht so ordinär
*Hansi:* keine Schlägertypen – andere akzeptieren – nicht lügen
*Thomas:* daß sie nicht eingebildet, rechthaberisch und geizig sind – daß sie sich Zeit zum Spielen nehmen

Klasse 13:

*Sabine:* Freundlichkeit
Kameradschaft
Hilfsbereitschaft
Zusammenarbeit, Unterstützung gegen Autoritäten
Interesse
*Wolfgang:* eigenständige Persönlichkeiten
Hilfsbereitschaft mit eigener Meinung
soziales Engagement
Ehrlichkeit, Aufrichtigkeit
*Silke:* Kameradschaft, d. h. daß sie genauso fair, ehrlich gegenüber mir sind, wie ich zu ihnen

– *Setzt euch mit den vorliegenden Erwartungshaltungen auseinander!*

– *Welche Erwartungen sind für dich besonders schwer zu erfüllen? Erkläre, weshalb dies gerade für dich so schwirig ist!*

*Typisch für Lehrer ist*

daß sie immer alles und alle verbessern müssen
daß sie immer Werturteile fällen
daß sie Schüler nie aussprechen lassen
...

*Typisch für Schüler ist*

daß sie gern ungefragt reden und andere Schüler nicht zu Wort kommen lassen
daß sie Antworten der Mitschüler wenig beachten
daß sie gern vom Unterrichtsstoff ablenken wollen
...

– *Prüft diese Äußerungen mit euren bisherigen Erfahrungen!*

Wahrnehmung eigenen und fremden Verhaltens

*Erwartungen – Hoffnungen – Wünsche beim Übergang in weiterführende Schulen*

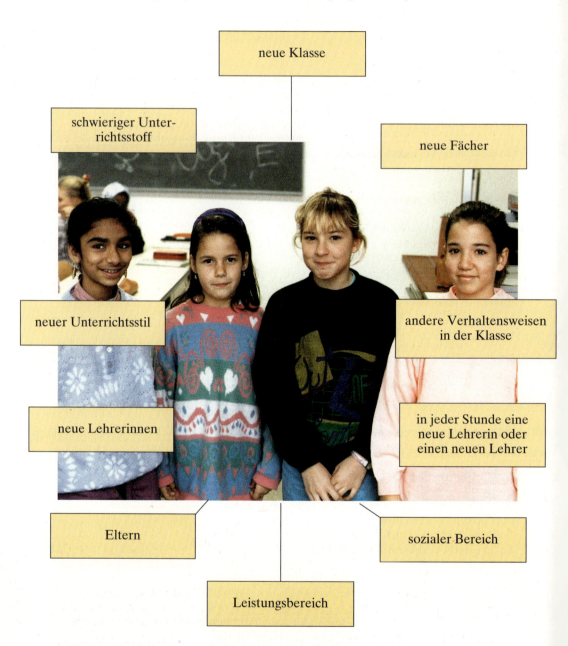

- Prüft nach, ob diese Zusammenstellung des „Neuen" auch für euch in dieser Weise zutrifft! Was hat euch an dem „Neuen" am meisten erfreut? Was bereitete euch eher Schwierigkeiten?

## Was soll ich tun?

Max berichtet über seine Schwierigkeiten:

Die ersten Wochen fand ich in meiner neuen Schule alles toll. Vor allem Englisch begeisterte mich! Das Lernen der Wörter fiel mir leicht. Unser Lehrer war am Anfang auch sehr lustig. Er malte immer komische Figuren und Gegenstände an die Tafel und schrieb das englische Wort dazu. Das machte richtig Spaß. In den ersten Arbeiten, die wir in Englisch schrieben, bekam ich ganz tolle Noten. Aber plötzlich, in der vierten Arbeit, da schrieb ich eine 4–5! Ich konnte das meinen Eltern nicht sagen! Deshalb verbesserte ich die Arbeit in der Nacht, beim Licht meiner Taschenlampe. Ich merkte nicht, daß ich dabei furchtbar häßlich schrieb und neue Fehler machte. Mein Lehrer strich mit seinem roten Kuli furchtbar viel an! Dann wollte er auch noch, daß ich die neue Verbesserung unterschreiben lasse. Furchtbar war es, als ich meinen Eltern alles erzählen mußte. Sie sagten mir, sie seien enttäuscht, daß ich eine so schlechte Arbeit geschrieben hätte. Noch enttäuschter seien sie aber, daß ich kein Vertrauen zu ihnen hätte. Die verstehen ja überhaupt nichts!

– *Weshalb wundert sich Max, daß er plötzlich schlechter geworden ist?*

– *Weshalb ist es eigentlich klar, daß man nicht die gleichen Leistungen wie in der Grundschule erbringen kann?*

– *Warum geht Max nicht gleich zu seinen Eltern?*

– *Wie hätten die Eltern auch reagieren können?*

– *Was sollte Max jetzt tun?*


## Vorschläge eines Beratungslehrers

- Kinder brauchen genügend Schlaf (aber nicht in der Schule!)

- der Tagesablauf sollte einigermaßen geregelt sein

- Wichtiger als äußere Maßnahmen sind die Beziehungen zwischen den Eltern und ihren Kindern. In der Übergangszeit sollten Eltern für ihre Kinder immer Zeit haben.

    – Kinder brauchen die Eltern als Partner, um das „tolle Neue" loszuwerden.
    – Sie haben in dieser Zeit ein verstärktes Bedürfnis nach Geborgenheit. Eltern sollten gute Zuhörer sein. Probleme müssen sofort besprochen werden, nichts sollte aufgeschoben werden.
    – Eltern müssen verstehen, daß ihr Kind (wenn es ‚schlechtere' Noten bringt) nicht schlechter geworden ist, sondern eben in eine leistungsstarke Umgebung versetzt worden ist. Nicht die Leistung des Kindes hat sich verändert, sondern der Maßstab.

*Bruno Körner*

**Vorschläge für Rollenspiele**

Diese Stunde wird von euch gestaltet. Eure Lehrer halten sich zurück – auch wenn es schwerfällt.

*Sprechstunde in der Schule*

Für dieses Rollenspiel brauchen wir eine Schülerin und einen Schüler, die als „Eltern" in die Schule kommen, um sich nach ihrem Kind zu erkundigen. Also brauchen wir jetzt noch eine Schülerin oder einen Schüler für die Lehrerrolle. Der Rest der Klasse beobachtet ganz genau, wie dieses Gespräch verläuft. Danach bespricht ihr den Verlauf des Gesprächs und die Probleme, die dabei aufgetaucht sind. Als Diskussionsleiter solltet ihr einen von euch wählen oder euern Lehrer für diese Aufgabe einsetzen.

*Gespräch zu Hause*

Die „Eltern" im vorigen Gespräch kommen jetzt nach Hause und besprechen am Abend alles das, was sie in der Schule gehört haben. Die Klasse beobachtet wieder das Gespräch, notiert sich, wie die einzelnen Personen miteinander reden. Am Schluß solltet ihr darüber reden, wie sich die einzelnen in bestimmten Phasen des Gesprächs gefühlt haben. Ist man in den Gesprächen zu einer Lösung gekommen, mit der alle einverstanden sein können? Wenn euch das Rollenspiel gefallen hat, könnt ihr ja die Rollen neu besetzen und ausprobieren, zu welchem Ergebnis diese neue Gruppe dann kommt.

**Das wünsche ich mir von meinen Eltern:**

**1** Nehmt Euch Zeit für mich, weil ich Euch brauche. Nehmt Euch Zeit für Euch, weil ich nicht immerzu etwas von Euch will. Aber wenn ich Euch brauche, wünsche ich mir Eure ungeteilte Aufmerksamkeit. Und ich will mir kein schlechtes Gewissen machen, wenn ich Euch „ganz" will.

**2** Seid – wie Ihr seid – ganz, wenn Ihr Euch mir zuwendet, wenn wir zusammen sind, wenn ich etwas von Euch will. Seid aufrichtig. Seid Ihr selbst. Ich verkrafte eine Ablehnung meiner Wünsche, wenn ich weiß, daß Ihr mich gern habt. Ich will verstehen und Rücksicht nehmen lernen, denn ich weiß, daß ich nicht allein auf der Welt bin. Warum sollte ich nicht mit Euch anfangen, Rücksicht nehmen einzuüben!

**3** Nehmt mich ganz ernst, auch wenn ich noch klein bin. Mutet Euch mir zu, ob Ihr Freude oder Ärger fühlt, kraftvoll oder kraftlos seid. Es wird mir nicht leichtfallen, wenn Ihr nicht auf mich eingehen könnt, aber ich kann damit besser leben als mit dem Gefühl, daß Ihr mir etwas vormacht.

**4** Setzt feste Regeln für unser Zusammenleben. Das gibt mir die Sicherheit, meinen Bereich auszuloten, in ihm auszuprobieren und zu wachsen. Es läßt mir alle Möglichkeiten, Euren und andere Bereiche kennen und respektieren zu lernen. Laßt mich neue Regeln mitfinden. Laßt uns über Ausnahmen sprechen.

**5** Helft mir, mich eigenständig auch im Wollen zu entwickeln und mich zu behaupten, wenn mir etwas wichtig ist. Stellt Euer Wollen dem meinen gegenüber, damit ich an Eurem Widerstand mich entscheiden lerne und stark werden kann.

**6** Erzieht mich, indem Ihr mit mir lebt.
Ich werde Euch vieles abgucken. Habt Vertrauen in meine Entwicklungsfähigkeiten, und laßt mir Entscheidungsfreiraum. Habt Geduld, wenn ich Fehler mache. Ermutigt mich, groß zu werden und vieles selbst auszuprobieren und meinen Standort und meinen Weg zu finden.

**7** Lehrt mich, diese Welt zu achten und zu lieben.
Laßt mich erleben, wie wir sie miteinander schützen und auch die kleinen Dinge pflegen und uns freuen. Lehrt mich die Menschen zu lieben, wie sie sind, und all das, was ich für mich wichtig finde, auch für andere zu wollen und mich dafür einzusetzen.

*Annedore Schultze*

**Alle sind zufrieden mit mir**

Die Mama ist zufrieden mit mir, wenn ich im Haushalt helfe. Der Papa ist zufrieden mit mir, wenn ich gute Noten habe. Der große Bruder ist zufrieden mit mir, wenn ich ihm von meinem Taschengeld etwas abgebe. Die kleine Schwester ist zufrieden mit mir, wenn ich ihre Rechenhausübung mache. Die Oma ist zufrieden mit mir, wenn ich nicht fernschaue und nicht Radio höre.
Wahrscheinlich ist es sehr ungerecht von mir, wenn *ich* mit ihnen allen *nicht* zufrieden bin!

– *Wie kommt es zu dieser Unzufriedenheit? Was wünscht sich der Junge von seiner Familie?*

– *Versucht, die sieben Wünsche an die Eltern zu verstehen und Beispiele zu jedem Wunsch zu finden!*

– *Wäre euer „Wunschzettel" an die Eltern anders ausgefallen?*

## Regeln des Zusammenlebens

### Rechte und Pflichten in der Familie – Und sonntags ist „Familienrat"

Teilnehmer:
Irmgard Moser-Kentemich, 40, Hanne Kentemich, 18, Benjamin Moser, 10, Christian Moser, 12, Paul Kentemich, 12, Willi Moser-Kentemich, 46 (Protokollant und Alterspräsident).

Besprechungspunkte:

1. Taschengeld

Das Taschengeld wird für Paul und Christian auf DM 16,– und für Benjamin auf DM 12,– im Monat festgelegt, zahlbar in zwei Raten, und zwar jeweils die Hälfte zum 1. und 15. eines jeden Monats.

Vom Taschengeld zu zahlen sind alle Vergnügungen wie Kino, Comics, Bücher, Spielzeug und Videos. Nicht zu bezahlen sind alle Unkosten, die im Zusammenhang mit der Schule entstehen (Hefte, Fahrkarten etc.) und „große" Süßigkeiten.

2. Gestaltung von Geburtstagsfeiern

Hierbei sind die Kinder frei, auch in der Frage, ob sie Geschwister und/oder Eltern für beratende Zwecke einschalten wollen; lediglich der Kostenrahmen muß mit den Eltern abgestimmt werden.

3. Benutzung der Spielsachen anderer

Alle Jungens sagen den jeweils anderen den großzügigen Umgang mit ihren Spielsachen zu. Allerdings muß immer um Erlaubnis gefragt werden. Bei Nichtanwesenheit des jeweiligen Spielzeugbesitzers können auch die Eltern eine Ausnahmegenehmigung erteilen. Dieser Regelung stimmen Benjamin und Paul zu, Christian behält sich die Freigabe selbst vor.

4. Küchendienst

Zum Küchendienst für die drei Jungen zählen die Aufgaben: Decken und Abdecken des Tisches (mit Ausnahme des Frühstücks) sowie der Getränkeservice. Der Küchendienst wird im wöchentlichen Rhythmus geleistet, beginnend mit dem Montag und endend mit dem Sonntag. Der jeweilige Küchendienstler hat das Vorrecht, im Zusammenhang mit Irmgard das jeweilige feierliche Sonntagsessen festzulegen.

5. Regeln für das Essen

Von drei angebotenen Essenssachen sind mindestens zwei zu verzehren. Es gilt das Probierprinzip: Das bedeutet, Neues muß unbedingt wenigstens gekostet werden, im Prinzip Abgelehntes muß immer wieder probiert werden.

6. Sonderaufgaben für Hanne

Hanne ist vom normalen Küchendienst befreit, sie bietet dafür das Essen am Dienstagabend und übernimmt die Verantwortung für das Sonntagsfrühstück. Ansonsten assistiert sie Irmgard bei Küchenaufgaben nach Anforderung und Angebot. Sie ist für das Putzen ihres Zimmers und des unteren Badezimmers zuständig.

7. Fernsehen, Video, Fernsehspiele

Jedes Kind erhält pro Woche zehn Bons: Tagessendungen bis zu 45 Minuten kosten 1 Bon, Spielfilme kosten 2 Bons, 45 Minuten Atari 1 Bon, bei gemeinsamen Spielen mit Atari muß jedes Kind für 30 Min. 1 Bon ausgeben. Maximal sind 3 Bons pro Tag zulässig.

„Sendeschluß" ist um 21.00 Uhr an Tagen vor Schulpflicht, um 22.30 Uhr an Samstagen und anderen Tagen, denen kein Schultag folgt.

– *Vergleicht die Rechte und Pflichten der vier Kinder! Seid ihr mit den Unterschieden einverstanden?*

– *Könnt ihr euch diesen „Familienrat" auch für eure Familie vorstellen?*

## Schulordnungen verändern sich

Die folgende Schulordnung stammt aus dem Jahr 1913 und war als Beilage in den Zeugnisheften enthalten.

In der ursprünglichen Schrift sieht der erste Paragraph so aus:

> **Schulordnung für die Schulkinder.**
> **I. Pflichten der Schulkinder.**
> **(Schvbl. 1913, XXXVI, S. 389–390.)**
>
> **§ 1.**
>
> Die Schüler haben pünktlich zur bestimmten Zeit – niemals früher als eine Viertelstunde vor dem Schulanfange – in geordnetem Zustande, und mit den erforderlichen Schulsachen versehen, in dem Schulzimmer (Klassenzimmer) zu erscheinen, sich sofort an ihre Plätze zu setzen und alles zum Unterricht Nötige in Bereitschaft zu legen.
>
> Der Eintritt ins Schulhaus und Schullokal geschieht lautlos und ohne Geräusch. Vor dem Eintritt haben die Schüler ihre Schuhe zu reinigen. Hüte, Mützen usw. sind an dem dazu bestimmten Platze abzulegen. Es ist strenge untersagt, daß die Schüler lärmen, im Schul- oder Klassenzimmer umherlaufen, sich um den Ofen stellen oder überhaupt nur von ihren Plätzen wegrücken.

**Weitere Abschnitte dieser Schulordnung:**

§ 3.

Beim Eintritt des Lehrers in das Schulzimmer haben die Schüler denselben durch Aufstehen zu begrüßen. Ebenso werden die Geistlichen und die Schulvorgesetzten bei ihrem Eintritt begrüßt.

§ 4.

Wer während des Gebets oder Gesangs kommt, hat bis zur Beendigung desselben stille an der Tür zu warten, und dann sich beim Lehrer zu entschuldigen.

§ 5.

Während des Unterrichts sollen die Schüler still, ruhig, in gerader und anständiger Haltung auf ihren Plätzen sitzen. Alles, was den Unterricht hemmt oder stört, wie: Essen, Spielen, Scharren oder Stampfen mit den Füßen, Schwatzen, Lachen, eigenmächtiges Verlassen des Platzes ist untersagt.

Hat ein Schüler während des Unterrichts dem Lehrer etwas zu sagen oder ihn um etwas zu bitten, so gibt er, bevor er spricht, ein Zeichen mit dem Finger.

## § 6.

In und außerhalb der Schule müssen die Schüler sich eines anständigen und geordneten Betragens befleißigen und die Anordnungen der Schulbehörden und Lehrer gewissenhaft beachten oder beim mittelbaren Unterricht ihren schriftlichen Arbeiten zuwenden.

Beim Aufsagen, Lesen und Singen müssen sie stehen; die Antworten müssen sie in gerader Haltung des Kopfes laut, lautrein, wohlbetont und möglichst in ganzen Sätzen geben.

Beim Schreiben und Zeichnen müssen sie aufrecht sitzen, die Brust nicht an den Tisch andrücken, noch den Körper stark vorwärtsbiegen.

## § 17.

Untereinander sollen die Schüler verträglich, friedfertig und freundlich sein. Das Beschmutzen der Schulsachen eines Mitschülers, das Reden, Schimpfen, Schreien, Schlagen der Schüler untereinander ist strenge untersagt.

## § 18.

Gegen den Lehrer haben sich die Schüler stets folgsam, wahrheitsliebend, bescheiden und höflich zu benehmen; dasselbe anständige Benehmen sollen sie auch gegen andere Erwachsene, besonders gegen gebrechliche Personen beobachten und auf Befragen bereitwillig Auskunft erteilen.

## § 19.

Fremdes Eigentum dürfen die Schüler niemals nehmen, beschädigen oder verderben.

Das Quälen der Tiere, das Ausnehmen von Vogelnestern, das Einfangen von Vögeln oder sonstigen nützlichen Tieren, das Beschädigen der Bäume und anderer Gewächse, das zwecklose Abreißen von Blumen und Zweigen ist verboten; ebenso das Tabakrauchen, das Anschaffen von Pulver, Feuerwerkskörpern und anderen leicht entzündlichen und gefährlichen Gegenständen.

## § 20.

Alles Lügen, Fluchen, Schimpfen, Schlagen, Werfen, Schleifen auf Gehwegen, unbefugtes Läuten der Hausglocken, Beschmutzen der Häuser und Gehwege, Nachspringen nach Fuhrwerken, Anhängen oder unbefugtes Aufsitzen auf solche, das Baden an unerlaubten Orten ist strengstens untersagt.

Nach Einbruch der Nacht oder nach dem Abendgebetläuten sollen sich die Schulkinder nicht mehr zwecklos auf den Straßen und öffentlichen Plätzen umhertreiben.

Die Ortsschulbehörde.

Sicher kommt euch vieles an dieser über 80 Jahre alten Schulordnung seltsam vor.
Wie groß die Unterschiede zu heute sind, könnt ihr herausfinden, wenn ihr stichwortartig gegenüberstellt, was von den Schülern damals erwartet wurde und was ihnen ausdrücklich verboten war.

**Erwartungen**

... pünktlich, ordentlich
... sofort unterrichtsbereit an
  den Platz setzen

• 
• 
•

**Verbote**

... zu früh kommen
... lärmen, umherlaufen

• 
• 
•

*Vergleicht damit die Hausordnung eurer Schule!*

In jeder Gemeinschaft haben die einzelnen Mitglieder Rechte und Pflichten. Das gilt innerhalb der Schulgemeinschaft für den Schulleiter, die Lehrer, die Schulsekretärin, den Hausmeister und die Schüler.
Versucht einmal, mit euren Worten zu beschreiben, welche Rechte und Pflichten ihr als Schüler habt. Die folgende Tabelle kann euch dabei helfen:

*möglichst gerecht
benotet zu werden*

*sorgfältig die
Hausaufgaben machen*

## Klassenordnung

1. Für Jungen und Mädchen gilt das gleiche, was sie tun sollen und was nicht.

2. Jeder hilft seinem Nachbarn, wenn er etwas braucht oder etwas nicht kann.

3. Wenn wir diskutieren, soll jeder warten, bis er dran ist, und den anderen ausreden lassen.

4. Wenn die Klasse mit Mehrheit etwas beschlossen hat, muß es befolgt werden; aber wer anderer Meinung ist, muß vorher angehört werden.

5. Jeder soll sich so ruhig benehmen und so langsam gehen, daß es keinen Unfall (gemeint ist in der engen Klasse) gibt.

6. Schlagen und Beleidigen ist verboten.

7. Jeder soll an seinem Platz Ordnung halten und mithelfen, die Klasse gut aufzuräumen.

8. Alle sollen ihre Schreibarbeiten ruhig bis zu Ende machen dürfen.

9. Es sollen öfter Mal- oder Spielstunden stattfinden.

10. Wir dürfen uns unseren Sitzplatz selbst aussuchen.

11. Die Klasse muß beschließen, was geschehen soll, wenn einer gegen die Klassenordnung verstößt (täglich 10 Minuten).

*Aufgestellt von einer Schulklasse,
mitgeteilt von Konrad Wünsche*

– *Welche Punkte dieser Klassenordnung sind bei euch schon erfüllt?*

– *Woran liegt es, daß Teile dieser Klassenordnung nur schwer erfüllbar sind?*

– *Versuche eine eigene Klassenordnung dieser Art aufzustellen!*

Regeln des Zusammenlebens

## Wie schön – auch Lehrer können spielen!

**Auch Fußgänger und Radfahrer sind Verkehrsteilnehmer**

Aus der Straßenverkehrsordnung

## § 1 Grundregeln

(1) Die Teilnahme am Straßenverkehr erfordert ständige Vorsicht und gegenseitige Rücksicht.

(2) Jeder Verkehrsteilnehmer hat sich so zu verhalten, daß kein anderer geschädigt, gefährdet oder mehr, als nach den Umständen unvermeidbar, behindert oder belästigt wird.

*Wenn sich jeder nach diesen Grundregeln richten würde, bräuchte man nur noch ganz wenige weitere Vorschriften, und unsere Unfallbilanz sähe blendend aus. Ja, wenn ...*

*Die Regeln sprechen eigentlich eine Selbstverständlichkeit aus, denn nur durch gegenseitige Rücksicht und durch Vorsicht kann unser heutiger Massenverkehr noch funktionieren. Es ist die Pflicht der dafür Verantwortlichen, immer wieder auf diese Grundlage aller Verkehrsregeln hinzuweisen!*

## § 20 Öffentliche Verkehrsmittel und Schulbusse

(1) An öffentlichen Verkehrsmitteln, die an Haltestellen halten, darf nur vorsichtig vorbeigefahren werden. Wenn Fahrgäste ein- oder aussteigen, darf am öffentlichen Verkehrsmittel rechts nur mit mäßiger Geschwindigkeit und nur in einem solchen Abstand vorbeigefahren werden, daß eine Gefährdung von Fahrgästen ausgeschlossen ist. Sie dürfen auch nicht behindert werden. Wenn nötig, muß der Fahrzeugführer warten.

(1a) An gekennzeichneten Schulbussen, die halten und Warnblinklicht (§ 16 Abs. 2) eingeschaltet haben, darf nur mit mäßiger Geschwindigkeit und in einem solchen Abstand vorbeigefahren werden, daß eine Gefährdung der Schulkinder ausgeschlossen ist. Sie dürfen auch nicht behindert werden. Wenn nötig, muß der Fahrzeugführer warten.

(2) Omnibussen des Linienverkehrs und Schulbussen ist das Abfahren von gekennzeichneten Haltestellen zu ermöglichen. Wenn nötig, müssen andere Fahrzeuge warten.

*Diese Vorschriften gelten dem besonderen Schutz der Benutzer von öffentlichen Verkehrsmitteln und von Schulbussen. Rechnen Sie immer damit, daß hinter einem haltenden Linien- oder Schulbus unachtsame Fußgänger die Fahrbahn betreten. Ganz besondere Vorsicht ist bei Schulbussen geboten.*

– *Warum braucht man zu den Grundregeln noch viele weitere Paragraphen, Vorschriften usw.? Erzählt dazu aus euren eigenen Erfahrungen und Beobachtungen!*

## Regeln des Zusammenlebens

**Radfahren auf Nummer Sicher!**

Radfahren macht Spaß – aber nur solange kein Unfall passiert. Es gibt Faltblätter und Broschüren speziell für Radfahrer. Sie wollen euch helfen, daß ihr unverletzt ans Ziel kommt.

Aus einem Vorbereitungsprogramm für die Radfahrprüfung:

**Gefahren vor dir**

**Gefahren von der Seite**

**Sturzgefahr!**

- auf nassem Pflaster
- auf Schienen

**Vielleicht sieht man dich nicht!**

- bei allen Autos oder Lastwagen, die rückwärts fahren
- bei Autos, die aus einer Parklücke oder Einfahrt kommen.

**Achtung aufgepaßt!**

- Kleine Kinder oder Tiere laufen plötzlich vor dein Rad.
- Plötzlich schießt ein Auto aus einer Einfahrt auf den Radweg.
- Unaufmerksame Fußgänger betreten gerade den Radweg.

**Auch Radfahrer haben Verantwortung für andere**

Wer ein Spiel richtig beherrschen will, muß erst einmal die Regeln kennen. Beim Radfahren ist es so ähnlich, nur daß hier die Verletzung der „Spielregeln" viel schlimmere Folgen haben kann. Vielleicht haltet ihr manche dieser Regeln für kleinlich oder unnötig. Euch wird schon nichts passieren!

Verantwortlich handeln verlangt mehr als die Beachtung der Regeln.

## Radler und Fußgänger

## Schrittgeschwindigkeit

Regeln des Zusammenlebens

## Zu zweit auf einem Rad?

## Was kümmert das andere?

Regeln des Zusammenlebens

**Wann darf man was?**

Das Gesetz legt Rechte und Pflichten eines Menschen nach Altersgruppen fest. Mit zunehmendem Alter gibt es mehr Rechte, aber auch mehr Pflichten.

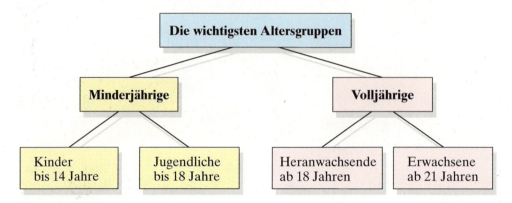

*Was weißt du über Rechte und Pflichten eines Kindes?*

1. Kurz nach Petras Geburt überschreibt ihr die Großmutter ein wertvolles Schmuckstück. Petras Eltern kommen in Geldnot. Dürfen sie dieses Schmuckstück verkaufen?

2. Darf sich der 10jährige Peter ganz allein vom gesparten Taschengeld einen Radio-Recorder für 180 DM kaufen?

3. Der 12jährige Robert wird bei einem Ladeneinbruch erwischt. Kann er von einem Gericht zu einer Strafe verurteilt werden?

4. Inges Eltern treten in eine andere Glaubensgemeinschaft über. Muß die 13jährige Inge ebenfalls der neuen Glaubensgemeinschaft angehören?

*Die folgende Übersicht hilft bei der Beantwortung dieser Fragen:*

| | |
|---|---|
| von Geburt an | Recht auf Eigentum |
| ab 6 Jahren | Schulpflicht |
| ab 7 Jahren | Beschränkte Geschäftsfähigkeit. Mit Geld, das ein Kind zur freien Verfügung von den Eltern oder von anderen mit Zustimmung der Eltern erhält, kann es etwas kaufen. „Taschengeldparagraph". |
| ab 12 Jahren | Keine Änderung des Glaubensbekenntnisses gegen den Willen des Kindes.<br>Noch keine Strafmündigkeit (beginnt erst mit 14 Jahren). |

– *Ab 18 Jahren wird man volljährig.*
  *Was wißt ihr über Rechte und Pflichten eines Volljährigen?*

## So steht es in den Gesetzbüchern

Während bereits ein Säugling unmittelbar nach seiner Geburt *Rechtsfähigkeit* besitzt, er beispielsweise erben oder beschenkt werden kann, ist er zunächst frei von jedweder Pflicht.

Ein Kind von **6 Jahren** unterliegt der *Schulpflicht*, wenn es nicht aus bestimmten Gründen zurückgestellt wurde.

Im Alter von **7 Jahren** erhält ein Kind die *beschränkte Geschäftsfähigkeit*. Dies bedeutet, daß es nun zwar sein Taschengeld und darüber hinaus die finanziellen Mittel, die ihm zur freien Verfügung gegeben wurden, nach eigener Entscheidung ausgeben darf. Will es aber das Geld, das ihm überlassen wurde, für weitergehende Vertragsabschlüsse oder für größere Anschaffungen ausgeben, dann müssen die gesetzlichen Vertreter, also z. B. Eltern, Erziehungsberechtigte oder Vormund, eindeutig zustimmen, teilweise sogar durch ihre Unterschrift. Ein Vertrag, den das Kind ohne Einwilligung abschließt, ist aber erst dann hinfällig, wenn dem Kind dadurch ein Nachteil entsteht.

Des weiteren wird ein Kind mit 7 Jahren bedingt *deliktfähig*. Es kann also künftig bei entsprechender Einsichtsfähigkeit, die alters- und reifeabhängig ist, zur Verantwortung für unerlaubte Handlungen gezogen werden. Erzieherische Maßnahmen, die zur weiteren Einsicht über das Fehlverhalten führen sollen, sind möglich.

Mit **12 Jahren** kann ein Kind nicht mehr zur Änderung seiner Religionszugehörigkeit gezwungen werden.

*Religionsmündigkeit* und *bedingte Strafmündigkeit* ist mit **14 Jahren** erreicht. Letzteres bedeutet, daß ein – jetzt so zu nennender – Jugendlicher strafrechtlich zur Verantwortung gezogen werden kann, vorausgesetzt, er besitzt die sittliche und geistige Reife.

Ist der Jugendliche bereits **16 Jahre**, so ist er *ehefähig* (der Partner muß volljährig sein und das Vormundschaftsgericht muß zustimmen), *eidesfähig* (entsprechend können Falschaussagen zur Anklage wegen Meineides führen) und *ausweispflichtig*. Außerdem dürfen Jugendliche bis 24 Uhr ausgehen, den Mopedführerschein machen und in der Öffentlichkeit rauchen und Alkohol trinken.

Mit **18 Jahren** ist dann die Volljährigkeit erreicht. Man gilt als Erwachsener mit entsprechenden Rechten und Pflichten, z. B. der *Geschäftsfähigkeit*, aber auch der *Strafmündigkeit*. Allerdings ist es, abhängig von der geistigen und moralischen Reife, bis zur Vollendung des 20. Lebensjahres möglich, als Heranwachsender nach dem Jugendstrafrecht bestraft zu werden.

---

Die genauen Texte dazu stehen in den §§ 104, 106–113, 828 BGB; §§ 5, 22 Gesetz über die religiöse Kindererziehung; § 19 Strafgesetzbuch; §§ 1, 3, 105 Jugendgerichtsgesetz; § 1 Ehegesetz; §§ 60, 61 Strafprozeßordnung; § 1 Gesetz über Personalausweise.

## Zum Nachdenken

Günther Weber:

**Was wir zählen und messen können:**

Wie viele Kinder in unserer Klasse sind.
Wie viele Fenster unser Haus hat.
Wie schnell ein Flugzeug fliegt.
Wie tief das Meer ist.
Wie schwer ein Stein ist.
Wie lang eine Straße ist.
Wie hoch die Wolken sind.

**Was wir nicht zählen und messen können:**

Wieviel Liebe in einem Kuß ist,
den die Mutter dem Kinde gibt.
Wieviel Angst einer hat,
wenn er allein ist.
Was ein gutes Wort wiegt.
Wie teuer ein guter Freund ist.
Wie schwer es ist, wenn uns keiner mag.
Wie tief eine Lüge uns verletzen kann.

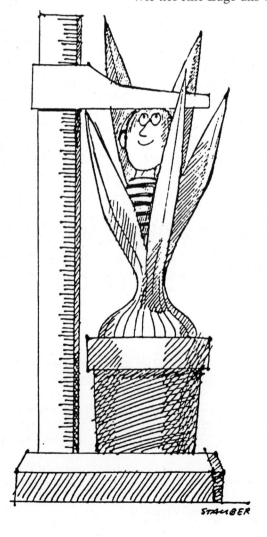

# Sitte und Gesetz

**Was ist Sitte?**

Dieses Bild zeigt den früheren Bundespräsidenten Walter Scheel bei einem Staatsbesuch in Neuseeland 1978. Auf dem Programm stand auch der Besuch in einem Maori-Dorf. Die Maoris sind ein polynesisches Volk und leben seit rund 600 Jahren in Neuseeland. Im Dorf begrüßt Walter Scheel eine Maori-Frau mit dem Maori-Kuß, bei dem die Nasen aneinandergedrückt werden.

Jedes Land, jedes Volk, jede menschliche Gemeinschaft hat eigene Sitten und Gebräuche. Das Zusammenleben der Menschen kann nicht allein durch aufgeschriebene gesetzliche Bestimmungen geregelt werden. Es gibt ergänzend dazu viele Verhaltensvorschriften, die bei den verschiedensten Anlässen für alle Lebensbereiche gelten.

– *Beschreibt Sitten und Bräuche, die für euren Lebensraum gelten!*

– *Erzählt von fremden Sitten und Bräuchen!*

## Sitte und Gesetz

**Muß ich die Hand geben?**

Bei vielen Sitten wissen wir heute nicht mehr, woher sie ursprünglich kommen. Der Handschlag war ursprünglich ein Zeichen der Friedenswilligkeit. Man reichte dem Gegner die rechte Hand und bewies ihm damit, daß man keine Waffen trug und wehrlos war. Heute noch wechselt man den Handschlag im Sinne einer Verpflichtung. Zum Beispiel bei einem ausgehandelten Geschäft, beim Wetten oder auch als Zeichen der Versöhnung nach einem Streit.

Das Händeschütteln beim Begrüßen ist für viele Menschen ein Zeichen der Achtung und der Wertschätzung. Für viele, vor allem bei Kindern, Jugendlichen, jungen Erwachsenen oder innerhalb von Kollegen, Freunden, Bekannten usw., ist es selbstverständlich, sich nur mit einem Kopfnicken, einer lässigen Handbewegung oder einem „Guten Morgen" oder „Hallo" zu begrüßen.

Kinder oder Jugendliche erleben es oft als unangenehm, wenn sie jemandem die Hand geben müssen.

– Welche Erfahrungen habt ihr schon mit Händeschütteln oder dem Handschlag gemacht?

– Welche Auswirkungen kann es haben, wenn jemand eine ausgestreckte Hand ablehnt?

Der Gruß ist in der Geschichte der Menschen immer auch mit Aberglauben verbunden. Bestimmte Grußformen sollen Unheil abwehren oder Glück bringen. Sie galten als Zaubermittel, um höhere Kräfte, zum Beispiel Geister, Dämonen usw., zu beeinflussen.

Manches davon ist heute noch erhalten.

Die Begrüßung von zwei Paaren über Kreuz, wie es das nebenstehende Bild zeigt, sollte auf jeden Fall vermieden werden. Es kann Unglück bringen.

## Sitten verändern sich

„Mit dem Hut in der Hand, kommt man durch das ganze Land", so sagte man früher und meinte damit etwas, was heute noch gilt. Höflichkeit erleichtert das Zusammenleben der Menschen und hilft, im Leben Erfolg zu haben.

Übertriebene Höflichkeit kann aber auch zu komischen Situationen führen: zwei höfliche Menschen kommen an eine Tür, jeder möchte dem anderen den Vortritt lassen, so bleiben beide draußen.

Auf dem Bild begrüßen sich zwei ältere Herren höflich. Sie haben gelernt, beim Begrüßen den Hut abzunehmen.

Wie sich diese Höflichkeitsgeste in der heutigen Zeit verändert hat, ist in einem „Buch der Etikette" so beschrieben:

„Zum Schluß sollen noch ein paar Uraltzöpfe abgeschnitten werden, welche von unserer aufgeschlossenen Jugend längst ad acta gelegt worden sind: Da ist zuerst einmal die Sache mit dem Hut, den der Herr stets beim Grüßen abzunehmen hat. Gut, im Sommer mag das durchaus angehen, im Winter kann getrost darauf verzichtet werden, vor allem dann, wenn es stürmt oder schneit und der Herr noch beide Hände voll hat. Keine Dame, meine Herren, wird es ihnen übelnehmen, wenn Sie in Zukunft in diesem Falle ihren Hut dort belassen, wo er hingehört: nämlich auf den Kopf."

– *Wie wird das Abschneiden dieses „Uraltzopfes" hier begründet?*

– *Kennt ihr weitere Beispiele für das Verändern von Sitten und Gewohnheiten?*

## Umgangsformen

Umgangsformen sind Regeln, die es leichter machen, miteinander umzugehen. Wir brauchen solche Regeln, weil es nicht selbstverständlich ist, daß die Menschen zueinander rücksichtsvoll und hilfsbereit sind. Solche Regeln gibt es vor allem für Besuche, Gespräche, Begrüßungen, Essen und Trinken, Verhalten gegenüber älteren Menschen usw.

Wenn immer mehr Menschen eine solche Regel nicht mehr beachten, kann es auch daran liegen, daß diese Umgangsform mit der Zeit ihren Sinn verloren hat. Sie ist unwichtig geworden.

Deshalb dürfen wir bei allen Umgangsformen auch die Frage stellen:

## WARUM?

Stellt einige Umgangsformen zusammen und überlegt, warum sie wichtig sind! Die Weiterführung der folgenden Tabelle kann euch dabei helfen.

| Umgangsform | Warum? |
| --- | --- |
| Vor dem Essen Händewaschen nicht vergessen! | Essen mit schmutzigen Händen ist unhygienisch. Es stört andere am Tisch, ihnen kann der Appetit vergehen. |
| Es gehört sich nicht, in der Nase zu bohren! | |
| Man wischt sich den Mund nicht mit der Hand ab! | |
| Schmatzen, Schlürfen und Rülpsen ist unanständig! | |
| ... | |
| | |
| | |

Kinder haben oft ganz andere Bedürfnisse als Erwachsene. Sie wollen sich austoben, spielen, Spaß haben usw. Weil ihnen noch Lebenserfahrung fehlt, können sie den Sinn vieler Umgangsformen noch gar nicht verstehen. Sie übertreten gerne Umgangsformen und handeln sich damit Ärger ein. Es gibt Streit, es folgen Strafen usw. In der Wunschwelt der Kinder gäbe es ganz andere Ordnungen und Regeln – das zeigt die Geschichte auf der nächsten Seite.

Sitte und Gesetz

## Bei den Hottentotten

Es war einmal ein kleiner Peter, der hatte eine schrecklich vornehme Mama. Die war ganz versessen auf gute Manieren und feines Benehmen. Wenn der kleine Peter ein bißchen zu laut lachte oder ein wenig herumbrüllte, rief sie: „Wir sind ja nicht bei den Hottentotten!"

Und wenn der Peter in der Nase bohrte, rief sie auch: „Wir sind ja nicht bei den Hottentotten!"

Eines Morgens, als die vornehme Mama den kleinen Peter aufwecken wollte, war sein Bett leer, und auf dem Nachttisch lag ein Zettel, darauf stand: *Bin zu den Hottentotten gegangen!*

Viele Jahre ist das nun schon her. Vom Peter hat die vornehme Mama nie mehr etwas gesehen. Aber angeblich ist er bei den Hottentotten Staatspräsident – und sehr glücklich.

# Höflichkeit

Danke schön,
danke sehr,
danke gut.

Danke wozu,
danke warum, danke wieso?

Wozu schon,
warum sehr,
wieso gut?

Sehr schön,
sehr gut!

Schon gut,
schon gut!

**Verbote**

- *Sucht weitere Verbotsschilder in eurer Umgebung!*
- *Überlegt an einzelnen Beispielen, wer am meisten Interesse an solchen Verboten hat!*
- *Welche Bedürfnisse und Interessen von Kindern und Jugendlichen werden dadurch beeinträchtigt?*
- *Welche dieser Verbote sind eurer Meinung nach berechtigt, welche nicht? Versucht auch zu begründen!*

Sitte und Gesetz

## *Ein neues Gesetz*

Es war einmal ein herzensguter König, der beschenkte jedes Jahr zu seinem Geburtstag seine Untertanen mit großen Reichtümern. Ein Jahr kamen alle Männer dran, ein Jahr alle Frauen, ein Jahr alle Kinder. Als wieder einmal die Kinder an der Reihe waren, wollte er für jedes Kind ein BMX-Rad kaufen. Doch sein Finanzminister sagte: „Chef, heuer geht's nicht! Die Kasse ist komplett leer!" Da fing der König zu weinen an. Aber sein Sohn sagte zu ihm: „Hör zu heulen auf, Papa. Schenk den Kindern eben etwas, was kein Geld kostet!"

„So was gibt's doch nicht!" schluchzte der König.

„Doch!" sagte der Sohn. „Schenk ihnen ein Gesetz! Eines, in dem steht, daß die Erwachsenen Kinder nicht mehr schlagen dürfen und nicht mehr mit ihnen schimpfen dürfen. Und auslachen und alleinlassen und herumschubsen und nicht ernst nehmen verbietet das Gesetz auch. Alles, was böse ist, darf Kindern nicht mehr angetan werden!"

„O.K.!" rief der König, trocknete seine Tränen und erließ ein wunderbares Gesetz, welches alle Gemeinheiten gegen Kinder unter strengste Strafe stellte. Doch als er ein paar Wochen später bei den Kindern nachfragte, ob sie wohl Freude an seinem Geschenk hätten, wurde er bitter enttäuscht. „Dein Gesetz ist Mist", sagten ihm die Kinder. „Hält sich ja keiner dran!" Der König lief heim und beschwerte sich bei seinem Sohn. „Tut mir leid, das habe ich nicht bedacht", sagte der Sohn. „Wenn das so ist, mußt du eben eine Kinderpolizei gründen, die drauf schaut, daß die Gesetze eingehalten werden."

„O.K.!" rief der König und gründete die Kinderschutzpolizei. Eine Geheimpolizei war das. Denn die größten Gemeinheiten gegen Kinder werden ja im geheimen begangen. Als Klofrauen und Schaffner, Hausmeister und Gaskassierer, Tischler, Schulwarte und Verkäuferinnen haben sich die Geheimpolizisten verkleidet. Überall waren sie! Und niemand hat gewußt, ob der kleine blaue Mann, der die elektrischen Leitungen kontrolliert, tatsächlich ein Elektriker ist oder nicht doch ein Kinderpolizist. Nicht einmal von der dicken Frau, die im Bus auf Kinder losgeschimpft hat, hat man wissen können, ob sie es ehrlich so meint. Hätte ja auch eine listige Tarnung einer Kinderpolizistin sein können! Und darum haben sich alle Erwachsenen brav an das Gesetz gehalten. Weil ja auf jeden Verstoß hohe Geldstrafen gestanden sind! Und mit den Jahren haben sich die Erwachsenen so ans Freundlichsein zu Kindern gewöhnt, daß sie es freiwillig getan haben, ganz ohne Zwang. Und alle geheimen Kinderschutzpolizisten konnten den Beruf wechseln. Und so lebten von da an alle Menschen in diesem Land glücklich zusammen.

# Die 10 Gebote

**Die biblischen Geschichten erzählen, wie Gott den Menschen Regeln gegeben hat**

*Stefan und Katrin sahen nicht gerade vergnügt aus, als sie vom Spielen hereinkamen. „Na, ihr beiden, was habt ihr denn draußen gespielt?" fragte die Mutter.*
*„Ach, Sven ist richtig blöd", sagte Stefan. „Was war denn los?" Katrin erzählte: „Ach, wir wollten Verstecken spielen. Und wenn wir uns versteckten, hat Sven gar nicht die Augen zugemacht. Er hat immer geguckt, wo wir hinliefen. Und dann hat er uns immer gleich gefunden." „Das ist gegen die Spielregeln", meinte die Mutter. „Ja, Sven hat sich überhaupt nicht an die Spielregeln gehalten, und darum hat mir heute das Spielen gar keinen Spaß gemacht", protestierte Stefan. „So ist das meistens, wenn die Spielregeln nicht beachtet werden." Und dann fügte die Mutter hinzu: „Heute abend will ich euch erzählen, wie Gott uns Menschen Regeln gegeben hat. Wenn wir sie beachten, wird alles gut bei uns Menschen. Aber wenn wir sie nicht beachten, dann gibt es meist traurige Gesichter. Und auch Gott ist dann über uns traurig."*
*Als Katrin und Stefan am Abend im Bett lagen, warteten sie schon ganz gespannt auf die Mutter. Und dann erzählte sie von dem Volk in der Wüste.*

Die Geschichte dieses Volkes beginnt damit, daß Gott den Menschen sagen wollte, wie sehr er sie liebt und wie sie auf der Erde glücklich leben sollen. Er wählt sich einen Menschen aus, Abraham, dem er befiehlt, mit seiner Familie in ein anderes Land zu ziehen und dem er verspricht, daß aus seiner Familie ein großes neues Volk entstehen wird. Abraham gehorchte, und viele Jahre später erhielt sein Enkel Jakob von Gott den Namen Israel.

Seine Nachkommen, die Israeliten, lebten lange Zeit in Ägypten. Als sie dort als Sklaven unterdrückt wurden, führte Moses sie aus der ägyptischen Knechtschaft heraus. Als Neugeborener wird Moses ausgesetzt, um dem Todesbefehl des Pharao zu entgehen. Die Tochter des Pharao findet Moses am Nilufer und rettet ihn. Moses wächst am Hof des Pharao auf. Als er einen Ägypter tötet, der einen seiner Stammesbrüder geschlagen hat, muß Moses fliehen. Später kehrt Moses auf Befehl Gottes, der ihm in einem brennenden Dornbusch erschienen war, wieder nach Ägypten zurück, um das Volk Israel zu befreien. Nach dem Auszug aus Ägypten lagern die Israeliten in der Wüste Sinai gegenüber einem Berg. Er erkannte ihn sofort wieder. Dort hatte er den Busch gesehen, der zu brennen schien und doch nicht verbrannte. Und dort hatte er zum ersten Mal Gottes Stimme gehört. Er dachte daran, wieviel Schwierigkeiten zu überwinden waren, bis er zu diesem Berg mit dem ganzen Volk zurückgekehrt war.

Mose stieg ganz allein auf den Berg, um zu beten. Mose dankte Gott für alle Hilfe. Da spürte er plötzlich, daß Gott wieder mit ihm reden wollte. Gottes Stimme sagte

> „Bibel" ist ein Wort aus der griechischen Sprache und bedeutet „Buch". Eigentlich ist es eine Bibliothek aus vielen Büchern und von vielen Verfassern geschrieben, über die wir nur wenig wissen. Fast alle wichtigen Schauplätze und Orte der biblischen Geschichten liegen in Palästina, einer Landschaft in Vorderasien an der östlichen Mittelmeerküste. Ein Teil dieser Bücher – das Alte Testament – erzählt vor allem von Gott und der Geschichte des Volkes Israel vor Christi Geburt. Das Neue Testament erzählt von der Geburt, vom Leben, von der Lehre, vom Tod und von der Auferstehung Jesu und damit vom Beginn des Christentums als eine der großen Weltreligionen.

## Die 10 Gebote

zu ihm: „Mose, du sollst deinem Volk Regeln verkünden, die euch helfen werden, in Frieden miteinander zu leben. Ich, euer Gott, möchte, daß dieses Volk meinen Willen kennenlernt und befolgt. Ich habe euch aus Ägypten herausgeführt, weil ich euch lieb habe. Ich will auch in Zukunft für euch da sein. Sag deinem Volk folgende Gebote und sag ihm, daß es gut ist, diese zehn Gebote zu beachten.

Dies sollen die Regeln für euer Leben sein:

> Keiner von euch soll zu einem anderen Gott beten als zu mir, denn ich bin der Gott, der euch behütet und beschützt.
>
> Keiner soll sich ein Bild machen und nachher behaupten: So sieht Gott aus. Wer von mir redet, soll es auch ernst meinen und mich nicht mit seinen Worten lächerlich machen.
>
> Alle sollen am siebenten Tag der Woche ruhen, damit sie Zeit haben, an Gott zu denken.
>
> Sag allen Leuten im Volk: Du sollst deinen Vater und deine Muttter immer lieb behalten.
>
> Du sollst niemand töten.
>
> Wer verheiratet ist, soll seinen Mann oder seine Frau nicht im Stich lassen.
>
> Du sollst nicht stehlen.
>
> Du sollst nicht lügen.
>
> Du sollst nicht neidisch sein, wenn einer etwas hat, was du auch gern hättest."

Mose war sehr froh, als er diese Sätze hörte. Er dachte an all den Streit zwischen den Menschen, den er auf dem langen Weg miterlebt hatte. Er hoffte, daß diese Gebote den Menschen helfen, in Frieden zusammenzuleben. Er dachte daran, daß diese Gebote in zwei Steintafeln eingeritzt werden müßten, so daß die Menschen sie niemals vergessen. Er fand geeignete Steine und machte sich gleich an die Arbeit.

Dann stieg er mit den zwei Steintafeln den Berg hinab. Als Mose gerade über einen großen Felsen geklettert war, sah er das Lager vor sich liegen. Er hörte ein lautes Stimmengewirr und Musik. Es klang so, als ob ein Fest gefeiert würde.

Und was war denn da in der Mitte des Lagerplatzes zu sehen? Die Menschen tanzten um ein goldenes Tier herum. Ein Kalb schien es zu sein. Solche Tiere hatten sich auch die Ägypter gemacht. Sie hatten dann gesagt: „Das sind unsere Götter, die helfen uns!"

Mose wurde sehr zornig. Er dachte: „Wie undankbar ist dies Volk." Er warf die Tafeln auf den Boden. Ihm war es recht, daß sie zerbrachen.

„Da hast du etwas getan, was Gott gar nicht gefällt", rief Mose. Er nahm einen großen Stein und schleuderte ihn gegen das Kalb. Da zersprang es in viele Stücke.

„Da seht ihr, daß euch solch ein Kalb nicht helfen kann", rief Mose aus. „Gott allein kann euch helfen. Ich werde ihn jetzt darum bitten, daß er verzeiht, was ihr gemacht habt. Und später werde ich euch dann sagen, was Gottes Regeln für euer Leben sind. Gott hat sie mir gerade auf dem Berg anvertraut. Die Tafeln auf denen sie geschrieben waren, sind zerbrochen. Doch nun werden wir die Gebote in unserem Herzen aufbewahren."

**Die Zehn Gebote – in der Sprache des Alten Testamentes**

Ich bin Jahwe, dein Gott, der dich aus Ägypten herausgeführt hat, aus dem Sklavenhaus.
1. Du sollst neben mir keine anderen Götter haben.
2. Du sollst den Namen Jahwes, deines Gottes, nicht mißbrauchen.
3. Denk an den Sabbat; halte ihn heilig.
4. Ehre deinen Vater und deine Mutter, damit du lange lebst in dem Land, das Jahwe, dein Gott, dir gibt.
5. Du sollst nicht töten.
6. Du sollst nicht die Ehe brechen.
7. Du sollst nicht stehlen.
8. Du sollst nicht falsch gegen einen anderen aussagen.
9. Du sollst nicht nach der Frau eines anderen verlangen.
10. Du sollst nicht nach dem Haus eines anderen verlangen, nach seinem Sklaven oder seiner Sklavin, seinem Rind oder seinem Esel oder nach irgend etwas, was dem anderen gehört.     Nach Ex 20,2–17.

**Zehn Gedanken zu den Zehn Geboten – für das Leben der Menschen heute**

Die ersten drei Gebote verlangen Achtung vor Gott, die übrigen Gebote schützen das Leben der Mitmenschen.

1. Niemand, der an Gott glaubt, braucht Angst zu haben vor irgendwelchen geheimnisvollen Kräften. Er braucht nicht abergläubisch zu sein.
2. Man kann Gott nicht durch Beschwörungen, Zauberformeln usw. zu irgendwelchen Hilfsleistungen zwingen.
3. Wer ohne Besinnung 7 Tage in der Woche pausenlos arbeitet oder Vergnügungen hinterherhetzt, verliert die echte Lebensfreude.
4. Mit den Eltern über Probleme sprechen können, ist für Kinder und Jugendliche eine der wichtigsten Lebenshilfen, die es gibt.
5. Ohne die Achtung vor dem Leben können die Menschen nicht überleben.
6. Die Geborgenheit in einer Familie ist für Kinder besonders wichtig.
7. Menschen brauchen vieles notwendig zum Leben. Sich gegenseitig wegzunehmen, was einem nicht gehört, macht das Zusammenleben der Menschen unmöglich.
8. Ohne Vertrauen und Zusammenhalt ist kein freies Leben möglich.
9. Man braucht nicht neidisch zu sein auf andere: auf ihren Besitz, auf ihre Macht usw. Neid auf andere nimmt die Freude am Eigenen.
10. Andern etwas abgeben macht auf Dauer viel glücklicher, als sich auf Kosten anderer zu bereichern.

**Die Gebote der Papuas** (Einwohner der Insel Neuguinea)

1. Du sollst dich fürchten! Am Tag sollst du dich besonders vor den Geisterplätzen, Geisterhöhlen, Geisterwassern, Geisterbäumen, Geisterfelsen und Geistertieren und überhaupt vor allem, was mit Geistern zusammenhängt, fürchten. Noch viel mehr sollst du dich aber in der Nacht fürchten, wo die Geister umgehen.
2. Du sollst niemals und in keiner Weise den Pfad der Ahnen verlassen, sondern alles genauso halten und weiterführen, wie es von ihnen überliefert worden ist.
3. Du sollst dich vor den Zauberern hüten. Laß nie einen Speiserest liegen, spucke nur ins Feuer oder Wasser aus, deinen Nasenschleim schmiere ans Bein, damit niemand deiner Seele habhaft werde. Wenn du in einem Dorfe zu Besuch bist und es wieder verläßt, dann vergiß nicht, deinen Sitzplatz mit dem Knochendolch zu stechen; nur so wird nichts von deiner Seele zurückbleiben, und der Zauberer kann dir nichts anhaben.
4. Du sollst dich vor allem Fremden, insbesondere vor jedem fremden Menschen, hüten, denn jeder Fremde ist ein Feind, der dir gefährlich werden kann. Die Berührung mit ihm schadet immer. Freund ist nur der Sippengenosse.
5. Du sollst die Alten und Großen, die Häuptlinge und Krieger ehren und ihnen nie widersprechen, denn sie haben die Macht, dir zu schaden.
6. Du sollst deinem Sippengenossen in jeder Lage und in jedem Falle helfen und für ihn Partei ergreifen, ob er recht oder unrecht hat; aber deinen Feind und jedem Fremden sollst du jederzeit und in jeder Weise schaden.
7. Alles, was dir gehört, was du erwirbst oder erbeutest, sollst du mit deinem Sippengenossen teilen und nichts für dich allein behalten, sei es auch nur eine Maus oder ein Vogelei.
8. Du sollst stets deiner Sippe Nutzen im Auge haben; denn er kommt auch dir zugute. Als Glied deiner Sippe bist du für sie verantwortlich und haftbar, wie auch deine Sippe für dich verantwortlich und haftbar ist.
9. Du sollst dir dein Weib durch Kauf ehrlich erwerben oder es bei den Feinden rauben, nicht aber deinem Sippengenossen entführen, denn daraus folgt Sippenstreit und Blutvergießen.
10. Du Mann, wenn dir deine Frau nicht folgt oder dir nichts zu essen kocht, dann schlage sie; denn ihr Sinn steht gewiß nach einem anderen Mann.
    Du Frau, folge deinem Mann und koche ihm stets das Essen, sonst schlägt er dich, und es kommt zu Unfrieden und Sippenstreit.

– *Was sind die Hauptregeln der Papuas?*
– *Warum steht die Sippe im Vordergrund?*
– *Vergleicht mit den 10 Geboten!*

> Die „Sippe" ist eine Lebensgemeinschaft von Blutsverwandten. Sie umfaßt alle von einem Stammvater in männlicher Linie abstammenden Personen. Die Sippe erfüllt zahlreiche Aufgaben, die später von Staat oder Gemeinde übernommen wurden. Sie war Rechts- und Friedensverband, besonders Trägerin der Blutrache (Fehde), bäuerlicher Verband, Heeresabteilung, Kulturgemeinschaft und übte die Vormundschaft über Unmündige und Frauen aus.

# Die Goldene Regel

**Wie soll ich mich den anderen gegenüber verhalten?**

Darauf gibt es nach der „Goldenen Regel" zwei Antwortmöglichkeiten:

| **Was soll ich nicht tun?** | **Was soll ich tun?** |
|---|---|
| *Ein altes Sprichwort:* | *Im Matthäusevangelium, einem Buch des Neuen Testamentes, sagt Jesus:* |
| „Was du nicht willst, das man dir tu, das füg auch keinem andern zu." | „Alles nun, was ihr wollt, das euch die Leute tun, das sollt auch ihr ihnen tun."<br>Matthäus 7, 12 |

Peter möchte nicht ausgelacht werden.

– *Sucht selbst weitere Beispiele.*

Inge behauptet: „Die Regel des Sprichworts ist leichter einzuhalten als die Forderung des Neuen Testamentes."

Peters Nebensitzer war krank und hat vier Mathematikstunden versäumt.

– *Sucht selbst weitere Beispiele.*

Fritz behauptet: „Was Jesus hier fordert, ist für das Zusammenleben der Menschen wichtiger als die Regel des Sprichworts".

– *Wie denkt ihr über diese beiden Behauptungen?*

– *Beurteilt folgende Fallbeispiele nach der „Goldenen Regel":*

1. Für die Mathematikklassenarbeit braucht jeder Schüler das Geodreieck. Peters Nebensitzer hat seines vergessen. Er möchte Peters Geodreieck ausleihen.
2. Inge findet in der Umkleidekabine im Hallenbad einen Zehnmarkschein.
3. Hans stellt sein Fahrrad so unglücklich ab, daß es umfällt und einen Kratzer im Lack eines danebenstehenden Autos verursacht. Niemand scheint es bemerkt zu haben.
4. Helmut ist stolz und läßt sich von niemandem helfen. Braucht er dann auch niemandem zu helfen?
5. Fritz findet es toll, wenn jemand laut Musik macht. Kann er jetzt selbst laut auf seiner Elektrogitarre spielen?

Es gibt auch eine moderne Fassung der folgenden Regel:

**So wie du willst, daß man dich beachtet und dich versteht, so beachte auch die anderen und habe Verständnis für sie.**

## Wenn es keine Gesetze gäbe

... dann wäre die Welt ein großes Chaos. Viele Leute würden klauen, und da sie nicht verurteilt werden, klauen sie weiter. Es gäbe viele Drogentote, und niemand würde mehr etwas arbeiten. Kinder und Jugendliche, die etwas lernen wollen, könnten nicht in die Schule, weil kein Lehrer in die Schule kommt. Leute wie Hitler würden an die Macht kommen. Es würde Kriege geben, weil jeder bestimmen möchte. Niemand würde Steuern bezahlen. Jeder würde den Müll irgendwo hinschmeißen.

... dann gäbe es viele Verkehrsunfälle, weil jeder fährt, wie er will. Verbrecherbanden würden alles bestimmen. Der einzelne Bürger hätte keine Rechte. Es gäbe kein Gericht. Jeder würde machen, was er für gut findet. Man könnte sich nur noch durch Waffengewalt behaupten. Die Tierwelt würde kleiner, weil viele Tiere ausgerottet werden.

... dann würde es nur noch Böses geben. Das Bestimmen hätten die Gangster und die Mafia, die übernehmen dann die Welt. Die Menschen hätten Angst, Schrecken, Furcht, und nie wären sie in Sicherheit. Die Schulen würden schließen, das Wissen stürbe mit den Gelehrten, und die Kinder würden kriminell. Die Welt würde untergehen.

... dann wären einige sehr arm und andere wieder sehr reich. Es gäbe überall Krieg, weil die Menschen sich nicht einigen können. Die Umwelt käme in eine große Krise, und die Menschen würden langsam aussterben.

... dann wären alle Diebe und würden klauen. Es gäbe viel mehr Kriminalität. Alle würden sich gegenseitig verprügeln oder ermorden. Die Stärksten würden bestimmen. Es gäbe keine Freude mehr.

... dann würden sich die Leute alles erlauben. Dann gäbe es auf der Welt großes Chaos. Die Leute würden machen was sie wollen. Sie würden gegeneinander kämpfen. Wenn es keine Gesetze gäbe, wäre nichts da, keine Autos, keine Häuser, und es gäbe Hungersnot. Sie würden alle Bäume fällen, dann gäbe es keine Pflanzen und Bäume mehr.

So stellen sich 12jährige Jungen und Mädchen eine Welt ohne Gesetze vor.

*Überlegt dazu folgende Fragen:*

– *Was wären die schlimmsten Auswirkungen?*

– *Wer hätte Vorteile?*

– *Wer hätte die größten Nachteile?*

– *Warum schreiben fast alle der befragten Schülerinnen und Schüler, daß die Menschen dann aussterben würden?*

## Wozu Gesetze?

*Stellt euch folgende Situation vor:*

Ihr erleidet mit einer Gruppe von 100 Menschen, die einander nicht näher bekannt sind, Schiffbruch. Die Gruppe muß sich auf einen längeren Aufenthalt auf einer einsamen Insel einrichten. Es entsteht ein heftiger Streit, ob sich die Gruppe von vorneherein Gesetze (mit Strafandrohung bei Übertretung) geben soll oder ohne Gesetze und Strafandrohung leben soll.

– Welcher Meinung würdet ihr euch anschließen?

– Welche Gesetze haltet ihr für besonders wichtig? Schreibt auf!

## Wie sähe unser Leben ohne Gesetze aus?

Der Starke oder Listige oder besonders Flinke würde sich alles nehmen, was ihm gefällt. Für den Schwachen, Rücksichtsvollen, etwas Langsameren bliebe nichts übrig. Der Schwache müßte alles tun, was der Stärkere von ihm verlangt.

Eine menschliche Gemeinschaft, in der die Menschen nur auf dieser Grundlage miteinander umgehen würden, hätte nur ein Gesetz: das Gesetz des Stärkeren. Nur ein Recht hätte Gültigkeit: das „Faustrecht".

Würde eine Gesellschaft von diesem Gesetz, von diesem Recht beherrscht, dann hätte die Mehrzahl der Menschen weniger Freiheiten und weniger Rechte als in einer Gemeinschaft mit vielerlei Gesetzen und Regeln.

Gesetze und Regeln haben also nicht vorrangig die Aufgabe, die Freiheiten und Rechte des einzelnen einzuschränken. Wichtiger ist die Aufgabe, die Freiheiten und Rechte aller – auch der Schwächeren – zu schützen.

# Ohne Normen kein Zusammenleben

**Zwischenfall in der Pause**

Jürgen aus der 6. Klasse kommt wütend zu Frau K., die in der Pausenhalle Aufsicht führt.
*Jürgen:* Der Paul hat mir schon wieder die Chips geklaut.
*Frau K.:* Wieso?
*Jürgen:* Ich habe eine Mark in den Automaten geworfen, dann hat Paul mich zur Seite gestoßen und hat die Chips aus dem Fach geholt. Das hat er jetzt schon dreimal gemacht.
*Frau K.:* geht mit Jürgen zu Paul, der über das ganze Gesicht grinst, als er den wütenden Jungen sieht.
*Frau K.:* Paul, stimmt es, daß du dem Jürgen die Chips abgenommen hast?
*Paul:* Was heißt hier abgenommen, er hat sie mir *überlassen*. Er hätte sich ja wehren können.

– *Warum glaubt Paul, daß er sich so aufspielen kann?*

– *Wenn alle so denken würden wie Paul?*

– *Wie soll sich die Lehrerin verhalten?*

„Normen" sind geschriebene oder ungeschriebene Vorschriften, die das Zusammenleben der Menschen regeln.

## Die Schule im Schlaraffenland

Ist euch von der denn nichts bekannt?
Da geht es erst um elf Uhr an
mit gar bequemem Schlendrian.
Wer recht viel falsch geschrieben hat,
kriegt eine Tafel Schokolad,
und wer kein Wörtlein lesen kann,
erhält ein groß Stück Marzipan.
Wer wie ein Wilder rauft und tobt,
wird immerwährend nur gelobt
und als ein Muster hingestellt,
weil solch ein Bursche dort gefällt.
Und will der Lehrer etwas fragen,
so braucht man Antwort nur zu sagen,
wenn man bei guter Laune ist.
Als Bester gilt, wer viel vergißt
und in dem ganzen Unterricht
stets schläft und nie was Kluges spricht.

Das Rechnen wurde abgeschafft;
es fordert zuviel Geisteskraft,
und gar das dumme Aufsatzschreiben
läßt jeder schon von selber bleiben.
Ein Sprüchlein lernen, – ach, wie schwer!
Schlaraffenkinder tun's nicht mehr ...

Um zwölf Uhr ist die Schule aus,
und nachmittags bleibt man zu Haus
und hütet sich, etwas zu tun,
um von der Arbeit auszuruhn.

Im Leben draußen wird man dann
als ein gar viel gerühmter Mann
und wackrer Bürger gern genannt.
(Jedoch nur im Schlaraffenland!)
*Franz Bauer*

## Mißverständnisse

– *Schreibt zu diesen Bildern eine Geschichte!*

– *Erklärt die Mißverständnisse!*

– *Macht einen Lösungsvorschlag!*

# Wenn Gesetze übertreten werden

**Mittelalterliche Strafen**

## Das Berühren der Ware ...

Wenn einer unserer Bürger auf dem Markt steht und frisches Fleisch und frische Fische kaufen will, soll er zum Verkäufer sagen: Wende mir jenen Fisch oder wende mir jene Fleischstücke um. Unter keinen Umständen aber darf er sie mit eigener Hand berühren. Berührt er sie und wird er mit zwei Augenzeugen dessen überführt, so muß er ohne jede Widerrede 4 Schilling Strafe bezahlen.

Dortmund, 13. Jh.

– *Wie beurteilt ihr diese Gesetzestafeln aus dem Mittelalter?*

– *Was verraten diese Gesetze über die Probleme der Bürger aus dieser Zeit?*

– *Der Pranger ist ein steinerner oder hölzerner „Schandpfahl", an dem Verbrecher zur Schau gestellt und der öffentlichen Beschämung preisgegeben wurden. Auch heute noch sagt man „Jemanden an den Pranger stellen". Wie ist das gemeint?*

## Strafbestimmungen heute

Je mehr Menschen in einer Gemeinschaft zusammenleben, um so komplizierter werden die Spielregeln, denen sie sich unterwerfen müssen. Durch die ständigen technischen und medizinischen Fortschritte sind immer wieder Neuregelungen bereits bestehender Gesetze notwendig. Als nur wenige Postkutschen über die Straßen und Wege rollten, brauchte man noch keine umfangreiche Straßenverkehrsordnung. Heute könnten wir uns den Straßenverkehr ohne ständige Strafandrohung für „Verkehrssünder" gar nicht mehr vorstellen.

Da es auch immer schwieriger wurde, im Einzelfall zu sagen, wie ein Gesetz jetzt genau angewendet werden muß, folgten jedem Gesetz viele Ausführungsbestimmungen. Auch die Art der Strafen wurde immer unterschiedlicher. Ein schwerer Gesetzesverstoß kann eine Gefängnisstrafe zur Folge haben, während eine Ordnungswidrigkeit mit einer Geldbuße bestraft wird.

## Gesetz über die Beseitigung von Abfällen

### § 4 Ordnung der Beseitigung

(1) Abfälle dürfen nur in den dafür zugelassenen Anlagen oder Einrichtungen (Abfallbeseitigungsanlagen) behandelt, gelagert und abgelagert werden.

(2) Die zuständige Behörde kann im Einzelfall widerruflich Ausnahmen zulassen, wenn dadurch das Wohl der Allgemeinheit nicht beeinträchtigt wird.

(3) Abfälle im Sinne des § 2 Abs. 2 dürfen zum Einsammeln oder Befördern nur den nach § 12 hierzu Befugten und diesen nur dann überlassen werden, wenn eine Bescheinigung des Betreibers einer Abfallbeseitigungsanlage vorliegt, aus der dessen Bereitschaft zur Annahme derartiger Abfälle hervorgeht; die Bescheinigung muß auch dann vorliegen, wenn der Besitzer diese Abfälle selbst befördert und dem Betreiber einer Abfallbeseitigungsanlage zum Beseitigen überläßt.

### § 18 Ordnungswidrigkeiten

(1) Ordnungswidrig handelt, wer vorsätzlich oder fahrlässig
1. entgegen § 4 Abs. 1 Abfälle außerhalb einer dafür zugelassenen Abfallbeseitigungsanlage behandelt, lagert oder ablagert oder einer Rechtsverordnung nach § 4 Abs. 4 zuwiderhandelt, soweit sie für einen bestimmten Tatbestand auf diese Bußgeldvorschrift verweist,
2. entgegen § 4 Abs. 3 Abfälle im Sinne des § 2 Abs. 2 zum Einsammeln, Befördern oder Beseitigen überläßt,
3. entgegen § 7 Abs. 1 oder 2 ohne die erforderliche Planfeststellung oder Genehmigung eine Abfallbeseitigungsanlage errichtet oder die Anlage oder ihren Betrieb wesentlich ändert,

(2) Die Ordnungswidrigkeit kann mit einer Geldbuße bis hunderttausend Deutsche Mark geahndet werden.

## „Was kostet was" im Straßenverkehr?

Beispiele aus dem Bußgeldkatalog

*Sicherheitsgurte* müssen während der Fahrt im Kraftfahrzeug angelegt sein, und zwar sowohl auf den Vorder- wie auf den Rücksitzen. Wer als Fahrer oder als Beifahrer das Anlegen des Gurts unterläßt, riskiert ein Verwarnungsgeld von 40,– DM. Der Führer eines Kraftrads (und der Beifahrer) muß während der Fahrt einen Schutzhelm tragen, unterläßt er dies, riskiert er 30,– DM Verwarnungsgeld – dies gilt auch für Mofafahrer.

*Verhalten gegenüber Fußgängern und Gefährdung von Kindern und Senioren.* Verschärfte Strafen sieht der neue Bußgeldkatalog vor, wenn Fußgängern, Fahrern von Krankenfahrstühlen oder Rollstühlen an Fußgängerüberwegen das Überqueren der Fahrbahn nicht ermöglicht oder nicht mit mäßiger Geschwindigkeit an den Übergang herangefahren wird. Hierfür wird eine Geldbuße von 100,– DM fällig. Die Gefährdung eines Kindes, eines Hilfsbedürftigen oder älteren Menschen beim Vorbeifahren oder Überholen wird mit 120,– DM geahndet.

*Fahren unter Alkoholeinfluß* ist kein Kavaliersdelikt. Wer, ohne fahruntüchtig zu sein, mit einer Blutalkoholkonzentration von 0,8 Promille oder mehr (bis 1,09 Promille) ein Kraftfahrzeug führt, dem droht eine Geldbuße von 500,– DM und ein Fahrverbot von 1 Monat, ferner werden 4 Punkte festgesetzt. Im Wiederholungsfalle erhöht sich die Geldbuße auf 1 000,– DM, beim dritten Verstoß auf 1 500,– DM, ferner beträgt das Fahrverbot 3 Monate.

Das *Haltzeichen eines Polizeibeamten* sollten Sie beachten; Sie riskieren sonst eine Geldbuße von 100,– DM (3 Punkte).

Das *Nichtbeachten des Rotlichts* an der Ampel kann 250,– DM und 1 Monat Fahrverbot kosten.

Fahren mit *abgefahrenen Reifen* ist nicht nur gefährlich, es kann auch teuer werden. Die Geldbuße beläuft sich auf 100,– DM (3 Punkte). Als Halter eines Kraftfahrzeugs kostet Sie dies sogar 150,– DM (3 Punkte). Die Mindestprofiltiefe für Fahrzeugreifen beträgt 1,6 mm.

– *Warum kann man es nicht jedem selbst überlassen, ob er Sicherheitsgurte anlegt oder einen Helm aufsetzt?*

– *Zum zweiten Beispiel: „Rücksichtnahme erst bei Strafandrohung"?*

---

„Kavaliersdelikt": Eine Gesetzesübertretung, die von manchen Menschen als nicht besonders schlimm angesehen wird, weil viele Menschen in ihrer Umgebung auch so handeln.

„Blutalkoholkonzentration von 0,8 Promille": In 1 Liter Blut ist etwas weniger als 1 cm$^3$ Alkohol enthalten. Das ist die Alkoholmenge, die etwa in einen Fingerhut paßt.

„Punkte in Flensburg": Wer bei einer Ordnungswidrigkeit eine Geldbuße von 80,– DM oder höher bezahlen muß, wird in das Verkehrszentralregister beim Kraftfahrt-Bundesamt in Flensburg eingetragen. Je nach Schwere der Ordnungswidrigkeit erhält er eine bestimmte Anzahl von Punkten. Überschreitet er sein Punktekonto, kann der Führerschein eingezogen werden, oder man muß erneut Verkehrsunterricht nehmen und eine Prüfung ablegen. Wer 2 Jahre lang keine Punkte gesammelt hat, erhält die bisherigen Punkte wieder gestrichen.

Wenn Gesetze übertreten werden

Die „Rote Karte"

Die Geste des Schiedsrichters ist eindeutig. Die „Rote Karte" bedeutet Platzverweis für den am Boden hockenden Dresdner Abwehrspieler, der gegen einen Spieler von Bayern München die sogenannte Notbremse gezogen hatte.

## Aus den Strafbestimmungen im Fußball:

Ein Spieler soll vom Spielfeld gewiesen werden, wenn er nach Auffassung des Schiedsrichters:
- sich eines grob unsportlichen Betragens schuldig macht oder roh spielt,
- beleidigende oder schmähende Äußerungen gebraucht,
- sich weiterhin unsportlich benimmt, nachdem er bereits verwarnt worden ist.

– Ein Platzverweis trifft einen Spieler besonders hart, weil er als weitere Folgen Geldbußen in Kauf nehmen muß und je nach Entscheidung des Sportgerichtes für weitere Spiele gesperrt wird. Versucht zu begründen, warum die oben genannten 3 Punkte so schwer bestraft werden!

– Was bedeuten „Gelbe Karte", „Ampelkarte", „Strafstoß"?

– Erzählt von euren Erfahrungen bei Regelverstößen im Sport!

## Keine Strafe unter 14?

Willi und Udo, beide 12 Jahre alt, legen als Mutprobe in einem Nachbarschuppen ein Feuer. Dabei greifen die Flammen so schnell um sich, daß sie das Feuer nicht mehr kontrollieren können. Als sie aus dem Schuppen rennen, steht das Gebäude bereits in Flammen.

Beide Jungen sind noch nicht strafmündig. Da aber bereits 12jährige begreifen können, welche gefährlichen Folgen es hat, wenn sie in einem alten Schuppen ein Feuer entzünden, sind sie für ihr Vergehen auch verantwortlich. Das heißt, sie müssen den entstandenen Schaden bezahlen, wenn sie eigenes Geld haben.

## Zu Straftaten bei Kindern

Zu den Kindern zählen alle Jungen und Mädchen bis zur Vollendung des 14. Lebensjahres.

Wenn die *Polizei* bei ihren Ermittlungen feststellt, daß ein Kind etwas getan hat, was zu den strafbaren Handlungen zählt, dann meldet sie den Fall zwar der *Staatsanwaltschaft*, aber ein Gerichtsverfahren findet nicht statt. Eine richtige Strafe nach dem Strafgesetzbuch kann nicht verhängt werden. Die Polizei oder der Staatsanwalt können aber, wenn es nötig ist, das *Jugendamt* verständigen. Das Jugendamt kümmert sich um den Fall und macht einen *Aktenvermerk*. Oft bleibt es am Ende nur bei dem Aktenvermerk über das auffällige Kind. Genauere Nachforschungen erfolgen, wenn ein Kind mehrfach wegen Straftaten gemeldet wird. Das Jugendamt informiert sich dann über die Familie, die Schulsituation und den Freundeskreis und prüft, ob die Eltern evtl. mit der Erziehung überfordert sind. Auf verschiedene Weise kann der Familie geholfen werden. Dem Kind und den Eltern kann ein *Erziehungsbeistand* zugesprochen werden. Das ist eine Person, die das Kind und die Eltern unterstützt. Das Kind kann aber auch in einer *Pflegefamilie* oder in einem *Kinder-* oder *Erziehungsheim* untergebracht werden.

Eine solche Unterbringung außerhalb der eigenen Familie kann auf Antrag der Eltern vorgenommen werden (Freiwillige Erziehungshilfe). Sie kann auch gegen ihren Willen angeordnet werden, wenn das *Vormundschaftsgericht* eingeschaltet worden ist (Fürsorgeerziehung).

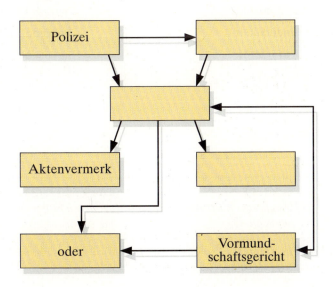

**Mögliche Maßnahmen bei einem Straftäter unter 14 Jahren:**

## Wer gegen Verhaltensregeln verstößt

Stellt euch vor, ihr habt einen Mitschüler in eurer Klasse, der

> nie anderen hilft,
> nie zuhört, sondern gleich die anderen überschreit,
> bei Verabredungen immer zu spät kommt,
> andere nie grüßt,
> Spaß daran hat, anderer Leute Sachen auf den Boden zu werfen,
> immer die neuesten Schimpfwörter auf Lager hat,
> nie „Bitte!" sagt, wenn er einmal etwas möchte,
> nie „Danke!" sagt,
> mit dem Finger in der Nase bohrt,
> hämisch lacht, wenn ein anderer einmal einen Fehler macht.

– *Möchtet ihr ihn als Nebensitzer haben? Begründet eure Antwort!*

– *Welche Punkte haltet ihr für besonders schwerwiegend?*

Im Zusammenleben der Menschen gelten viele Regeln, die nicht „gesetzmäßig" aufgeschrieben sind. Wenn man sie nicht beachtet, gibt es weder Gefängnis- noch Geldstrafen. Wer aber gegen solche ungeschriebenen Regeln verstößt, muß ebenfalls mit Folgen rechnen.

| Ungeschriebene Regeln | Mögliche Folgen bei Nichtbeachtung |
|---|---|
| Höflichkeit | findet kaum Anschluß oder Freunde |
| Pünktlichkeit | wird Außenseiter |
| Freundlichkeit | bekommt einen schlechten Ruf |
| gute Manieren | hat später Schwierigkeiten bei der Berufsfindung oder bei der Wohnungssuche |
| passende Kleidung | |
| Tischsitten | |

– *Oft nehmen Erwachsene solche Regeln wichtiger als Kinder. Wie erklärt ihr diesen Unterschied?*

– *Manchmal sind solche Regeln überholt und nicht mehr für heute passend. Kennt ihr solche Beispiele?*

Liebe Mutter,

wenn ich dem Franzi meine schöne Hausübung nicht zum Abschreiben borgen will, sagst Du, ich solle mich schämen!
Wenn ich aber dem Franzi seine schöne Hausübung abschreiben will, dann sagst Du auch, ich solle mich schämen.
Da stimmt doch etwas nicht!
Deine Moral scheint zwiespältig zu sein, und dieses tut leid

Deinem
verwirrten Sohn

# Entscheiden und Handeln

## Entscheidungen im Alltag

**Leihst du mir dein Mofa?**

Der zehnjährige Max bittet seinen großen Bruder:
„Kann ich in der 4. Stunde mit deinem Mofa nach Hause fahren? Ich hab' dann Vertretung und hab' meine Hausaufgaben für die 5. Stunde beim Frühstück liegengelassen. Ich hab' schon mal 'ne Runde gedreht und fahre auch bestimmt ganz langsam."

– Wie versucht Max sein Ziel zu erreichen?

– Wie beurteilt ihr seine Begründungen?

– Wie soll sich eurer Meinung nach der große Bruder entscheiden?

– Man spricht manchmal von „folgenschweren" Entscheidungen. Könnte so etwas hier auch eintreffen?

*Max von der Grün*

**Die Mutprobe**

*„Die Mutprobe" ist der Anfang des Jugendbuchs „Vorstadtkrokodile".*

„Du traust dich ja doch nicht! Du Angsthase!" rief Olaf, ihr Anführer. Und die Krokodiler riefen im Chor: „Traust dich nicht! Traust dich nicht!"

Nur Maria, Olafs Schwester, dreizehn Jahre und damit ein Jahr jünger als ihr Bruder, hatte nicht mitgeschrien, sie hatte so viel Angst um Hannes, daß sie wegsah. Die neun Krokodiler standen in einem Halbkreis am Ende der Leiter, die senkrecht zehn Meter hoch zum Dach führte, und sahen gespannt zu, wie Hannes, den sie Milchstraße nannten, weil er soviel Sommersprossen im Gesicht hatte, langsam die Sprossen hochkletterte, um seine Mutprobe abzulegen. Die war Bedingung für die Aufnahme in die Krokodilbande.

Hannes hatte Angst, das konnte man ihm ansehen, er war zudem nicht schwindelfrei, aber er wollte es den größeren Jungen beweisen, daß er als Zehnjähriger soviel Mut besaß wie sie, die alle schon diese Mutprobe abgelegt hatten.

Hannes hing ängstlich an der verrosteten Feuerleiter und wagte nicht, nach unten zu sehen.

„Komm runter, du schaffst es ja doch nicht, du Schlappschwanz!" rief Olaf wieder, und die anderen Jungen lachten.

Hannes tastete sich langsam und vorsichtig die wackelige Feuerleiter zum Dach hoch. Je höher er kletterte, desto mehr schwankte die Leiter, denn ihre Verankerung war an mehreren Stellen aus der Wand gerissen. Einige Sprossen waren so verrostet, daß Gefahr bestand durchzubrechen, wenn sie belastet wurden. Hannes wagte nicht, nach unten zu sehen, er sah nur nach oben, wo er sein Ziel vor Augen hatte.

Endlich war Hannes am Dach angekommen. Er sah zum erstenmal nach unten. Ihm wurde schwarz vor Augen, er machte sie sofort wieder zu, zehn Meter sind doch eine ganz schöne Höhe. Damit er nicht vor Angst aufschrie, preßte er die Zähne aufeinander, so sehr, daß ihm die Kiefer schmerzten.

Aber er hatte leider nur den ersten Teil der Mutprobe abgelegt, der zweite Teil bestand darin, daß er von der Leiter auf das Dach klettern und oben auf dem First beide Arme heben und „Krokodil" rufen mußte, dann durfte er wieder herunterklettern.

„Los! Weiter! Kletter doch auf das Dach", rief Olaf.

„Nur keine Angst haben, Milchstraße", rief Frank.

Maria sagte leise zu ihrem Bruder: „Laß ihn runterkommen. Er wird abstürzen."

Aber Hannes kletterte schon von der Leiter über die Dachrinne auf das Dach, legte sich dort auf den Bauch und kroch langsam zum First hoch, wobei er sich mit den Händen an den Dachziegeln hochzog und mit den Füßen, wenn er einen Halt gefunden hatte, abstützte. Das ging langsam, Zentimeter für Zentimeter kam er vorwärts, es war mühsam und kräfteraubend, er mußte vorsichtig sein, denn im Laufe der Jahre waren viele Dachziegel morsch geworden, verwittert, so daß seine Kletterei nicht ungefährlich war. Manchmal, wenn er glaubte, einen Halt gefunden zu haben, riß ein Dachziegel unter seinen Händen weg und klatschte unten auf den Hof.

Dann blieb Hannes vor Schreck liegen, ohne sich zu rühren.

Endlich war er am First angekommen.

Hannes keuchte, er ruhte sich ein paar Minuten auf dem Bauch liegend aus, dann setzte er sich vorsichtig auf, hob beide Arme und rief: „Krokodil! Krokodil! Ich hab' es geschafft!"

Die Krokodiler unten auf dem Hof riefen zurück: „Du bist aufgenommen! Hurra! Milchstraße, komm runter! Du bist aufgenommen!"

Und Olaf rief noch: „Das hast du gut gemacht. Prima!"

Aber seine Schwester, die neben ihm stand, sagte wieder leise: „Er wird bestimmt abstürzen."

„Dumme Ziege", zischte Olaf ihr zu, „halt deine Klappe, was verstehst du denn schon davon."

Und Frank sagte zu ihr: „Du hast doch nicht raufklettern müssen, du darfst doch nur bei uns sein, weil Olaf dein Bruder ist."

Das alte Ziegeleigelände, auf dem sie standen und das seit Jahren verlassen lag und ihnen manchmal als Spielplatz diente – Tafeln warnten zwar vor dem Betreten des Geländes –, war etwa zwei Kilometer von der Papageiensiedlung entfernt, in der sie alle wohnten. Das Ziegeleigelände bot einen trostlosen Anblick, die Fensterscheiben im alten Bürogebäude waren längst zerbrochen, die Mauern waren morsch, die Dächer löcherig, und wenn ein Sturm tobte oder ein schweres Gewitter, dann fielen Dachpfannen auf die Erde. Es war nicht ungefährlich, in der Ziegelei zu spielen. Schon vor Jahren hätten die Gebäude abgerissen werden sollen, es hieß, auf dem Gelände werde ein Supermarkt errichtet, aber bislang war noch nichts passiert. Daß die Krokodiler da spielten, lag einfach daran, daß sie nirgendwo einen geeigneten Spielplatz fanden. In den Vor- und Hintergärten ihrer Siedlung war es verboten, und auf der Straße zu spielen war noch gefährlicher. Und wenn sie doch einmal in den Gärten spielten, dann hieß es nur: Ihr macht ja den Rasen kaputt ... jetzt ist schon wieder alles schmutzig.

An die Papageiensiedlung grenzte ein kleiner Wald, er wurde „Kleine Schweiz" genannt, aber niemand wußte, woher der Name kam. Dort spielten sie vor allem, und dort hatten sie auch aus Ästen und Reisig eine Hütte gebaut.

Der Förster sah es nicht gerne, aber er verjagte sie auch nicht, weil sie keinen Schaden anrichteten.

Auf das Ziegeleigelände gingen sie immer dann, wenn ein Junge in ihre Bande aufgenommen werden wollte und die Mutprobe ablegen mußte. Wer die Mutprobe nicht bestand, der wurde nicht aufgenommen.

Auf das Dach zu klettern war für Hannes bedeutend leichter gewesen, als wieder herunterzukommen, denn beim Abstieg konnte er nicht sehen, wohin er seine Füße setzte, und zurückzuschauen traute er sich immer noch nicht, weil ihm dann schwindelig wurde.

Immer wieder, wenn seine Hände einen Halt gefunden hatten, mußte er mit den Füßen eine Stütze ertasten, bis er darauf stehen konnte. Das war zwar mühsam, aber Hannes glitt allmählich auf dem Bauch Zentimeter um Zentimeter abwärts.

An den Knien war seine Hose schon aufgerissen, und auch sein Pulli war an den Ellenbogen durchgescheuert. Seine Hände waren zerkratzt, und die Fingerkuppen bluteten. Hannes wollte, Hannes mußte es schaffen, er mußte den Krokodilern, die sich ihm gegenüber immer so herablassend benommen hatten, beweisen, daß er für die Bande weder zu jung noch zu schwächlich war. Wenn er unten auf dem Hof anlangte, dann war er einer der ihren, dann durfte keiner mehr sagen: Hau bloß ab, du halbe Portion. Da plötzlich, schon im unteren Drittel des Daches, riß ein Ziegel, an dem sich Hannes mit dem Fuß abgestützt hatte, aus seiner Verankerung.

Langsam rutschte er auf dem Bauch abwärts, und ihm war erst gar nicht bewußt, was da passierte, aber als er merkte, daß er sich nirgendwo mehr festklammern konnte, schrie er, so laut er nur konnte: „Hilfe! Hilfe! Ich stürze ab ..."

Im Abrutschen riß er noch ein paar Ziegel heraus, die mit lautem Knall auf den Hof fielen und dort auf dem Betonboden in tausend Stücke zerplatzten. Die Krokodiler aber konnten ihm nicht helfen. Sie sahen, vor Schreck gelähmt, nur hinauf auf das Dach. Sie mußten ein paar Schritte zurücktreten, sonst wären sie von den herabfallenden Ziegeln getroffen worden.

Maria biß sich vor lauter Aufregung in die Faust. Olaf sah mit offenem Mund nach oben, auch er brachte kein Wort hervor.

Erst in der Dachrinne fand Hannes mit seinen Füßen wieder einen Halt, seine Hände klammerte er um eine freiliegende Dachlatte.

Endlich schrie Olaf: „Hannes! Halt dich fest, wir holen Hilfe! Halt dich fest!"

Aber als Hannes in seiner Angst und Verzweiflung zu weinen anfing und zu schreien, liefen die Krokodiler plötzlich fort. Hannes, der es nicht sehen konnte, drückte sein Gesicht in das Loch des Daches und schrie weiter aus Leibeskräften um Hilfe.

Er hoffte, einer der Krokodiler würde zu ihm aufs Dach klettern, um ihm zu helfen. Seine Angst steigerte sich, weil auch die Dachrinne zu schwanken begann. Er mußte fürchten, daß sie jeden Moment auseinanderbrach. Es war nur eine Frage der Zeit, wie lange die Dachrinne die Last noch trug.

Auch Maria war anfangs so verwirrt, daß sie hinter den Jungen hergelaufen war, hatte dann aber versucht, als sie schon außerhalb des Ziegeleigeländes waren, die Jungen aufzuhalten. Aber die rannten, als würden sie verfolgt. Sie rissen ihre Fahrräder aus dem Straßengraben, schwangen sich einer nach dem andern darauf und rasten davon, Richtung Papageiensiedlung. Die Krokodiler hatten plötzlich mehr Angst als Hannes auf dem Dach.

Maria war hinter den Jungen hergefahren, wollte dann umkehren, besann sich aber und fuhr weiter bis zur Hauptstraße. Dort trat sie in eine Telefonzelle. Sie wählte die Nummer der Feuerwehr und rief aufgeregt in die Muschel: „Sofort kommen ... mit Leiter, auf das Ziegeleigelände an der Papageiensiedlung ... da hängt einer an der Dachrinne ... der stürzt ab ... sofort kommen!" Dann hängte sie ein.

Als Maria wieder auf die Straße hinausgetreten war, glaubte sie Hannes schreien zu hören, aber das konnte wohl schlecht möglich sein, denn zur Ziegelei war es mehr als ein Kilometer, und der Verkehrslärm auf der Hauptstraße hätte Hannes' Schreien übertönt.

Maria wartete vor dem Telefonhäuschen, und sie wußte nicht, was sie machen sollte. Aber da hörte sie auch schon das Martinshorn der Feuerwehr, und gleich darauf sah sie das große rote Auto um die Kurve verschwinden, von wo aus eine schmale Straße zur Ziegelei führte.

Sie schwang sich auf ihr Fahrrad und fuhr den Weg zurück, den sie gekommen war. Sie kam vor der Ziegelei an, als die Feuerwehrleute schon die lange Leiter ausgefahren hatten und ein Feuerwehrmann sich anschickte, auf der Leiter hinaufzuklettern.

Maria versteckte sich hinter den Sträuchern, damit sie von niemandem gesehen werden konnte, sie hatte Angst, daß es ihr jedermann ansehen könnte, daß auch sie Hannes im Stich gelassen hatte.

Dann sah sie einen zweiten Feuerwehrmann die Leiter hochsteigen, und es schien ihr, es sei nur noch ein Kinderspiel, Hannes vom Dach zu tragen, über die Leiter auf den Hof.

Hannes schrie noch, als er längst wieder auf seinen eigenen Beinen stand. Dann weinte er.

Einer der Feuerwehrmänner versuchte ihn zu beruhigen, aber einen zweiten hörte Maria sagen: „Verhauen sollte man dich, übers Knie legen. So ein Leichtsinn. Du kannst froh sein, daß du noch lebst ... na, dein Vater wird es dir schon besorgen."

„Tot könntest du sein", hörte sie einen anderen Feuerwehrmann sagen, „tot. So ein Leichtsinn! Was wolltest du denn auf dem Dach ..."

Da brach die Dachrinne entzwei, auf der Hannes die ganze Zeit einen Halt gefunden hatte. Die eine Hälfte klatschte auf den Hof, so daß auch die Feuerwehrmänner erschrocken zurücksprangen.

„Na, das war aber auch höchste Zeit", sagte wieder einer der Feuerwehrmänner.

Und der, der Hannes vom Dach getragen hatte, sagte nur: „hast du gesehen ... tot könntest du jetzt sein. So ein Leichtsinn."

Und während sich Hannes langsam beruhigte, er hatte gar nicht wahrgenommen, was um ihn herum vorgegangen war, sagte der Fahrer des Feuerwehrwagens: „Einen Dusel hast du gehabt ... daß du noch lebst, ist ein Wunder ... ich dürfte nicht dein Vater sein, ich würde dir die Hammelbeine schon strammziehen ... hoffentlich tut er es auch."

– *Wie erklärt ihr das Verhalten der „Krokodiler", nachdem Hannes abgerutscht war?*

– *Könnt ihr aus euren Erfahrungen von Mutproben erzählen?*

– *Wie beurteilt ihr solche Mutproben?*

Entscheidungen im Alltag

**Auf dem Sprungbrett**

– *Denkt euch zu den Bildern eine Geschichte aus!*

– *Wie geht es dem Mädchen nach ihrer Entscheidung? Wie denkt ihr darüber?*

– *Habt ihr schon einmal ähnliche Erfahrungen gemacht?*

# Wie soll ich mich entscheiden?

### Der Geldbeutel

Der 11jährige Klaus ist auf dem Heimweg. Auf den Straßen und Gehwegen ist viel los um die Mittagszeit. Beim Überqueren einer Kreuzung sieht er im Straßengewühl, wie einer Frau der Geldbeutel aus der vollen Einkaufstasche fällt.

Klaus läuft zu der Stelle hin und bückt sich hastig. Da lag der Geldbeutel. Mit einem Ruck hebt er ihn auf und steckt ihn in die Hosentasche. Die Frau war weg. Niemand scheint etwas bemerkt zu haben. Auf der anderen Straßenseite sieht er einen Polizisten stehen. Der kann ihn aber bei dem Gedränge unmöglich beobachtet haben ...

### Rot

Jürgen ist auf dem Weg zum Fußballtraining. Er hat es sehr eilig. Beim letzten Training hat der Trainer sie nachdrücklich aufgefordert, pünktlich zum Training zu erscheinen.

Ausgerechnet heute ist Jürgen zu spät dran. Jetzt muß er noch die Hauptstraße überqueren, aber bevor er die Kreuzung erreicht, schaltet die Fußgängerampel auf „ROT". Jürgen sieht sich um und sieht keine Autos auf der Straße ...

### Der Schwamm

In der 5a geht es in der kleinen Pause drunter und drüber. Der Schwamm fliegt durch die Gegend. Udo verfehlt sein Ziel, und der Schwamm fliegt durchs offene Fenster auf den Schulhof. Ein Lehrer hat es bemerkt und rennt wütend ins Klassenzimmer. Er sieht Otto, Edgar und Sabine in der Nähe des Fensters stehen. „Einer von euch dreien muß es gewesen sein!"

### Die Hausaufgaben

Gerade hat sich Sabine an ihren Schreibtisch gesetzt und packt ihre Schulsachen aus. Heute hat sie viel Hausaufgaben in Mathematik zu machen. Sie weiß, daß die Hausaufgaben für sie wichtig sind. Sie möchte ihre Mathematiknote verbessern, und der nächste Klassenarbeitstermin ist nicht mehr weit. Trotzdem stöhnt sie. Es ist ein warmer Sommertag, und draußen ist strahlend blauer Himmel. Sie schlägt ihr Heft auf, da klingelt es. Draußen stehen zwei Freundinnen. „Los, beeil dich, pack deine Badesachen zusammen. Wir gehen ins Freibad!" ...

– *Erzählt die Geschichten zu Ende! Überlegt dazu mehrere Möglichkeiten!*

– *Bei allen vier Geschichten gibt es unterschiedliche Entscheidungsmöglichkeiten. Jedesmal ist dabei etwas anderes besonders wichtig. Versucht das bei den einzelnen Beispielen herauszufinden!*

## Man kann nicht alles haben

Marc hat in drei Wochen Geburtstag. Zum erstenmal durfte er einen Wunschzettel schreiben. Er hat viele Wünsche, und ehe er sich entscheidet, will er einmal alles zusammenstellen, was ihm so durch den Kopf geht.

– Wie sähe euer Wunschzettel aus?

– Hinter jedem Wunsch steht auch etwas, was Marc gerne macht, was ihm wichtig ist. Versucht das bei den einzelnen Wünschen herauszufinden!

## Herr Fischer und seine Frau

*Herr Fischer, Jahrgang Neunzehndreißig,
war immer strebsam, immer fleißig;
darum bekam er bald zum Lohn
ein Grammophon mit Kratzeton.*

*Doch seiner Frau, der Ilsemaus,
reicht das nicht aus, reicht das nicht aus!*

*„Für mich gibt's", sagt sie, „sowieso
nur Stereo, nur Stereo."
„In Ordnung", sagt ihr Mann und lacht,
„wird ja gemacht, wird gleich gemacht."*

*Doch seiner Frau, der Ilsemaus,
reicht das nicht aus, reicht das nicht aus!*

*„Im Warenhaus, da haben sie
Quadrophonie, Qua-dro-pho-nie."*

*Herr Fischer fragt, ob's nötig tut,
dann sagt er: „Na, ist ja schon gut."*

*Doch seiner Frau, der Ilsemaus,
reicht das nicht aus, reicht das nicht aus!*

*„Im Katalog die Phonotruhe
raubt mir die Ruh, raubt mir die Ruhe."
„Na, weil sie auch der Nachbar hat,
kauf' ich sie gleich, gleich in der Stadt."*

*Doch seiner Frau, der Ilsemaus,
reicht das nicht aus, reicht das nicht aus!*

*„Ein Grammophon von Neunzehnzehn
zum Selberdrehn, das wäre schön!"
„Da fangen wir", sagt nun ihr Mann,
„von vorne an, ganz vorne an! ..."*

Michael Kumpe

– „Ein jeder Wunsch, wenn er erfüllt, kriegt augenblicklich Junge" – sagt ein altes Sprichwort. Gilt das auch für dieses Gedicht?

– Es ist schön, wenn sich Wünsche erfüllen. Fühlt man sich deshalb auch schon glücklich?

## Eine schwere Entscheidung, und wie ich mich danach fühlte.

*Schülerinnen und Schüler einer 5. Klasse erzählen:*

Ich hatte einmal ein furchtbar schlechtes Gewissen, weil ich meinem Freund ein Taschenmesser geklaut hatte. Ich wußte nicht mehr, was ich tun sollte. Sollte ich es ihm wieder zurückgeben und mich entschuldigen, oder sollte ich es behalten und nichts davon sagen? Es war eine schwere Entscheidung für mich. Nach langem Kampfe entschloß ich mich endlich. Ich ging zu meinem Freund und gab ihm das Messer wieder zurück. Danach war ich unheimlich erleichtert und wußte, daß es die richtige Entscheidung war.

☆

Es war Mittwochabend, den 16. 4. 1993. Wie jeden Mittwoch abend spielten mein Freund und ich Fußball. Ich wollte schon immer in einen Modellbahnclub eintreten. Doch die Mitglieder trafen sich nur am Mittwoch. Ich mußte mich jetzt entscheiden. Gehe ich in den Club oder gehe ich Fußball spielen mit meinem Freund? Nach langer Zeit entschied ich mich für den Club und bereute es nie.

☆

Mein Freund und ich fahren gerne Skateboard. Einmal standen wir auf einer Anhöhe vor einer sehr steilen Abfahrt. Mein Freund fuhr schon los, aber ich hatte Angst. Als ich dann nach unten lief und zu meinem Freund ging, schämte ich mich sehr, weil ich nicht gefahren bin.

☆

In dieser Geschichte handelt es sich um eine Freundin von mir, die sich zwischen ihren Eltern entscheiden mußte. Die Eltern begannen immer wieder, sich zu streiten. Es kam sogar dazu, daß sie sich scheiden lassen wollten. Nun mußten sich die Kinder zwischen Mutter und Vater entscheiden. Der Junge hatte sich entschlossen, beim Vater zu bleiben, weil der Vater für ihn wie ein echter Freund war. Für meine Freundin war es eine schreckliche und schmerzende Entscheidung. Sie dachte oft darüber nach und versuchte sogar, die Eltern wieder zusammenzubringen. Doch es gelang ihr nicht, und der Tag der Entscheidung rückte immer näher. Zwei Tage davor konnte sie sich noch immer nicht entscheiden. Am Tag selbst sagte sie: „Ich kann mich nicht entscheiden, denn ich habe beide lieb." Das Gericht beschloß, sie bei der Mutter zu lassen. Aber jedes Wochenende trifft sich meine Freundin mit ihrem Vater und ihrem Bruder. Es ist aber nicht mehr so, wie es früher war.

☆

Es war Mitte Juni, kurz vor den Sommerferien. Meine Mutter sagte, daß ich mich nun endlich entscheiden sollte, ob ich in den Ferien in die Jugendfreizeit oder zu meiner Oma aufs Land fahren wolle. Ich konnte mich lange Zeit nicht entscheiden. Schließlich war ich doch für die Jugendfreizeit. Meine Mutter ging ans Telefon, um mich anzumelden. Sie kam mit traurigem Gesicht zurück und sagte: „Ich glaube, du hast zu lange gewartet. Es ist alles schon ausgebucht."
Für kurze Zeit war ich schon enttäuscht. Doch dann freute ich mich auf die Ferien bei meiner Oma, denn bei ihr mußte man ja Gott sei Dank nicht vorbuchen.

## Wie soll ich mich entscheiden

**Wichtige Entscheidungsfragen**

Wem nützt die Entscheidung?

Wem schadet die Entscheidung?

Siegt die Bequemlichkeit?

Nützt die Entscheidung meiner Weiterbildung?

Ich kann nicht zu Jimmy nach Hause gehen.

Jimmy ist nämlich an der Reihe, zu mir nach Hause zu kommen.

Ich bin nämlich das letzte Mal zu Jimmy gegangen.

Folge ich meinem Gewissen?

Bin ich bereit, für eine richtige Entscheidung auch unangenehme Folgen auf mich zu nehmen?

Ich gehe aber gerne zu Jimmy.

Und Jimmy kommt nicht gerne zu mir.

Aber wenn er nicht zu mir kommt, kann ich auch nicht zu ihm gehen.

Ist es eine kurzfristige Entscheidung?

Nimmt meine Entscheidung Rücksicht auf andere?

Denn Gerechtigkeit muß sein.

Dann werde ich Jimmy also nie wiedersehen.

Gehe ich den Weg des geringsten Widerstandes?

Könnte ich die Entscheidung wieder rückgängig machen?

Ist es eine Entscheidung für länger, vielleicht sogar für das ganze Leben?

Ach, das Leben mit sieben ist schwer.

# Handeln im Affekt

Wußtet ihr schon, daß es in der deutschen Sprache fast 500 Wörter gibt für die Benennung von Gefühlen? Das zeigt uns, wie stark unsere Entscheidungen und unser Handeln von Gefühlen bestimmt sind.

Wenn unsere Gefühlsregungen besonders heftig sind, nennen wir sie Affekt. Menschen handeln oft im Affekt:
„Sie platzen vor Wut!"
„Sie sind rasend vor Eifersucht!"
„Sie kochen vor Neid!"
„Sie sind total begeistert!"
„Sie flippen aus!"
„Sie sind unbeherrscht und aggressiv!"
„Sie strahlen vor Freude!"
„Sie könnten vor Glück die ganze Welt umarmen!"
„Sie zittern vor Angst!"
„Sie sind hoffnungslos verliebt!"
„Sie möchten im Boden versinken vor Scham!"
„Sie sind außer sich vor Begeisterung!"

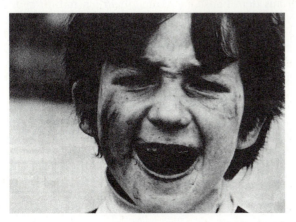

- Menschen, die im Affekt handeln, verändern sich auch äußerlich. Beschreibt solche Veränderungen aus euren eigenen Beobachtungen! Denkt dabei auch an die Atmung, die Gesichtsfarbe, das Sprechen usw.

- Oft kann man Probleme erst lösen, wenn die Wut verraucht ist. Kennt ihr Möglichkeiten, euch abzureagieren, ohne dabei andere zu verletzen?

*Irmela Wendt*

**Die Wut**

Stefan kriegt mit allen Krach, mit Olaf hat er schon und auch mit Jürgen (der kriegt sonst mit keinem Krach), mit Axel, mit Jochen, mit Markus und mit den Jungen aus den andern Klassen auch. Eines Mittags, in der Förderstunde, es sind nur sechs Kinder da, setzt Stefan sich ganz links in die äußerste Ecke und guckt vor sich hin, einfach tiefsinnig.

„Komm zu uns an den Tisch", sagt Frau Anders, aber er tut es nicht. Frau Anders läßt ihm etwas Zeit, dann geht sie zu ihm, und da sagt er: „Ich mache so oder so einen Mord."

Frau Anders läßt die anderen fünf allein, sie nimmt Stefan mit sich ins Büro nebenan, da ist um diese Zeit niemand. „Sag das nochmal, was du eben gesagt hast!" Und er sagt es nochmal. „Auf wen hast du Wut?" fragt Frau Anders, „auf mich?" – „Auf meinen Bruder", sagt Stefan, „den Theo, den haben sie von der Schule geschmissen, der lernt jetzt Maurer, und wenn er Feierabend hat, macht er mir alle Häuser kaputt, die ich gebastelt habe." – „Was sagt denn dein Vater dazu?" – „Der mischt sich nicht ein." – „Und deine Mutter?" – „Die hat keine Zeit." – „Und dein anderer Bruder?" – „Der spricht nicht mit mir." – „Und Maike, deine Schwester?" – „Mit der spreche ich nicht."


*Brigitte Peter*

**Das letzte Wort haben ...**

„Christoph!" sagt die Mutter von Christoph zu Christoph, „wenn ich dich noch ein einziges Mal mit diesem Ferdinand Schüpper zusammen sehe ... und wenn du dich noch ein einziges Mal am Hafen herumtreibst ... und wenn du noch einmal mit soviel Teerflecken auf der Hose nach Hause kommst und wenn du noch mal zu Frau Hoppmann ‚Sie alte Wendeltreppe' sagst und wenn du der Ursula wieder die Haare verknotest und wenn du jedesmal aus dem Fenster guckst, sobald ich mit dir rede ..."

„Ich guck' ja gar nicht aus dem Fenster", sagt Christoph zu seiner Mutter.

„Natürlich guckst du aus dem Fenster", sagt sie, „das seh ich doch! Jetzt guckst du ja noch immer raus – warum sagst du also, du guckst nicht?"

„Ich schau mir nur den Vorhang an", sagt Christoph.

„Mußt du immer das letzte Wort haben?" fragt die Mutter.

„Nein, nein", sagt Christoph. „Was dann?"

„Wie – was dann?" fragt die Mutter.

„Ach – nichts", sagt Christoph und geht auf die Straße.

Vor dem Haustor steht der Ferdinand Schüpper und wartet.

„Mensch, beeil dich 'n bißchen!" sagt er zu Christoph. „Sonst sind die andern weg!"

Er rennt los. Christoph hinterher. An der Ecke hat er den Ferdinand eingeholt, und dann laufen sie nebeneinander die Schifferstraße hinunter – zum Hafen ...

## Schiedsrichter haben es schwer

- Erzählt die dargestellte Geschichte!

- Im Sport werden meist unbeherrschte Gefühlsäußerungen und Affekthandlungen sofort bestraft. Könnt ihr dafür Gründe angeben?

- Wie kommt es, daß beim sportlichen Wettbewerb oder auch beim Spielen Menschen immer wieder die Beherrschung verlieren und aggressiv werden? Ist es euch selbst auch schon passiert?

# Handeln im Affekt

**Wie die Jungen zwitschern …**

- Erzählt dazu die oben stehende „Vater und Sohn-Geschichte"!

- Berichtet von Aggressionen, die ihr schon selbst erfahren oder beobachtet habt!

- Aggressionen gibt es auch in der Schule. Berichtet von Beispielen und überlegt mögliche Ursachen!

Unter „Aggressionen" versteht man feindselige Verhaltensweisen. Wer aggressiv ist, greift andere an, beleidigt sie, beschimpft sie oder verletzt sie. Aggressionen können auch ansteckend sein.

## „Wie ich einmal richtig wütend geworden bin?"

Meine Schwester und ich haben gewettet, und sie hat verloren. Sie mußte nun eine Woche lang mein Bett machen. Doch sie hat sich geweigert, es zu tun. Als ich deshalb wütend wurde, warf sie mir vor, daß das mit der Wette nicht ernst gemeint war. Da bin ich ins Klo gerannt und habe versucht, mich zu beruhigen. Am liebsten hätte ich meine Schwester erwürgt.

*Andreas, 10 Jahre*

☆

Als mein Bruder mir ständig meine Süßigkeiten aufgegessen hatte, wurde ich so wütend, daß ich aus meinem Stockbett ein Bälkchen aus dem Lattenrost gestoßen habe. Meine Mutter kam herein, und ich bekam sofort Fernsehverbot. Nach einer Weile habe ich mich wieder beruhigt und die Strafe verstanden. Ich hätte ja auch mit meinem Bruder reden können, statt gleich auszuflippen.

*Nicole, 11 Jahre*

☆

Mein Bruder hatte mir den ganzen Schulranzen auf den Kopf gestellt. Alles lag auf dem Zimmerboden herum. Am liebsten hätte ich ihn gegen die Zimmerwand geschmissen, aber ich beruhigte mich wieder.

*Judith, 11 Jahre*

☆

Ich habe meinen Bruder ein bißchen geärgert, und er petzt immer. Dann werde ich immer so wütend, daß ich ihm am liebsten eine runterhauen würde. Aber statt dessen renne ich in den Garten. Wenn ich mich beruhigt habe, gehe ich wieder ins Haus.

*Marc, 11 Jahre*

☆

Meine Cousine hat meinem Lieblingsteddybär den Arm abgerissen. Ich bin in die Küche gegangen und habe meiner Mutter geholfen. Ich hätte am liebsten aber etwas von ihren Sachen aus dem Fenster geworfen.

*Stefanie, 10 Jahre*

☆

Meine Mutter sagte bei jeder Kleinigkeit zu mir: „Nimm dir doch ein Beispiel an deiner Schwester!" Da wurde ich einmal so wütend, daß ich ein T-Shirt meiner Schwester zerriß und aus dem Zimmer rannte.

*Falk, 11 Jahre*

## Strittige Angelegenheiten

Zwischen Peter, seinem Freund Stephan, seiner älteren Schwester Irene und deren Freundin Birgit ist ein Streit entstanden, der zwischen Geschwistern und Freunden nicht ungewöhnlich ist. Ihr kennt diese Situation selbst: An einem regnerischen Sonntag oder nach dem Geburtstagskaffee oder im Urlaub fragen sich plötzlich alle: „Was sollen wir tun?" Dann entstehen Gespräche wie das folgende:

Peter: Ist das heute mal wieder langweilig. Wir müssen unbedingt etwas tun. Ich bin vom Sitzen schon ganz steif. Los, Stephan, wir suchen uns Jungs aus der Nachbarschaft und spielen Fußball.
Irene: Das ist aber nicht nett von euch. Schließlich habe ich doch heute Geburtstag, und ihr seid eingeladen.
Peter: Dein Pech! Wir wollen Fußball spielen!
Irene: Denkst du denn kein bißchen an uns?
Peter: Wein doch gleich, Heulsuse!
Irene: Mutter würde sich auch freuen. Vielleicht will sie sogar mitspielen. Außerdem haben wir doch alle einen vollen Magen.
Peter: Stephan, du bist doch auch für Fußball, oder?
Stephan: Na ja, mal gucken. Mir ist es egal. Beim Fußballspielen muß man sich immer so viel bewegen.
Peter: Ach, und das ist nicht dein Fall, du Ente. So ein Quatsch.
Birgit: Schluß jetzt mit der Diskussion! Wir spielen jetzt gleich „Mensch-ärgere-dich-nicht"!
Peter: Du hast gar nichts zu wollen. „Mensch-ärgere-dich-nicht" ist blöd.
Stephan: Das stimmt. Dagegen bin ich auch. Können wir denn nicht was Vernünftiges spielen?
Peter: Doch, Fußball!
Birgit: Fußball kommt nicht in Frage. Wir spielen „Weltreise".
Stephan: Weltreise ist genauso doof wie „Mensch-ärgere-dich-nicht".
Birgit: Dann sag du mal was!
Stephan: Ich weiß nichts!
Peter: Eben. Ich zähl jetzt bis drei, und wenn wir dann nichts Vernünftiges wissen, spielen wir Fußball. – Eins, zwei, drei. Also!
Stephan: Du siehst doch, daß die Mädchen nicht wollen.
Peter: Dann geh du doch wenigstens mit! Denk dran: Du willst ja auch immer meine „Lucky Luke"-Heftchen haben.
Stephan: Nein, ich hab' jetzt keine Lust. Ein anderes Mal.
Birgit: Ohne euch miesen Jungs und euren dämlichen Fußball wären wir jetzt längst schon dabei, etwas zu spielen. Querköpfe!

– *Vergleicht, wie die vier diskutieren.*

– *Sammelt aus dem Text Gefühlsäußerungen (Beschimpfungen, Abwertungen usw.) und überlegt, welche Auswirkungen sie haben!*

– *Was ist eurer Meinung nach wichtig, daß so ein Gespräch nicht in Streit ausartet, sondern zu einem zufriedenstellenden Ergebnis führt?*

Handeln im Affekt

**Auch Verlieren will gelernt sein**

– *Erzählt die dargestellte Geschichte!*
  *Wie denkt ihr über die beiden?*

– *Seid ihr beim Spielen gute Verlierer?*

– *Berichtet von euren Erfahrungen über Spielverderber und schlechte Verlierer!*

– *Richtig spielen will gelernt sein. Die Einhaltung der Spielregeln allein genügt da noch nicht. Welche Eigenschaften und Verhaltensweisen müssen noch dazukommen?*

## Überlegtes Handeln

**Ohrfeigen**

Nachdem der große Bruder dem Hans wieder einmal eine Ohrfeige gegeben hatte, sagte sich der Hans: „Beim nächsten Mal wird zurückgeschlagen! Haut er mir eine runter, hau ich ihm eine rauf! Das ist nur gerecht!"

Und dann dachte sich der Hans: Da die Hände meines Bruders doppelt so lang sind wie die meinen, muß ich ihm eigentlich zwei Ohrfeigen geben! Und da sie auch doppelt so breit sind, muß ich ihm eigentlich vier Ohrfeigen geben. Und da er auch mit doppelt soviel Kraft zuschlagen kann, muß ich ihm eigentlich acht Ohrfeigen geben, wenn er mir eine gibt! Ob ich das auch schaffe?

Lange dachte der Hans darüber nach, dann sagte er zu sich: „Ich glaube, brutale Gewalt sollte in der Familie nicht sein!"

**Ohne Worte**

– *Wer im Affekt reagiert, hat oft wenig Erfolg bei der Lösung seiner Probleme. Was könnt ihr dazu aus den beiden Geschichten herauslesen?*

– *Berichtet von eigenen Erfahrungen!*

– *Warum ist überlegtes Handeln oft so schwierig?*

Überlegtes Handeln

Damit ein gemeinsames Fest auch gelingt, muß man rechtzeitig planen und entscheiden. Überlegt gemeinsam, und setzt die Tabelle fort:

*Wo findet das Fest statt?*
*Was ist der Anlaß des Festes?*
*Welche Musik wählen wir aus?*

# Wie sich Entscheidungen auswirken

*Peter Härtling*

## Die Möhre

Das ist eine Geschichte, die wirklich passiert ist. Es ist eine Geschichte, von der man nicht sagen kann, sie sei schön oder sie sei besonders lehrreich. Die Geschichte ist eher traurig. Sie spielt nämlich im Krieg, genauer gesagt, am Ende des letzten Krieges. Ihr könnt nicht mehr viel vom Krieg wissen. Manchmal seht ihr im Fernsehen Bilder von kämpfenden Soldaten, auch von toten Soldaten, von flüchtenden Frauen und Kindern. So war es damals in Deutschland, und Kindern geht es im Krieg immer besonders schlecht, obwohl sie weniger Angst haben als Erwachsene. Denn Kinder können, wenn sie spielen, den Krieg vergessen. Der Junge, von dem ich euch erzähle, hieß Otto. Heute hat er selber Kinder und denkt manchmal daran, daß es gut ist, daß seine Kinder gar nicht wissen, wie Krieg ist. Aber diese Geschichte hat er ihnen auch erzählt, denn es ist seine Geschichte.

Otto war mit seinen Geschwistern und seiner Mutter auf der Flucht. Er kam in einen kleinen Ort, wo sie lange suchen mußten, bis sie ein Zimmer fanden, in dem sie wohnen konnten. Da wohnten sie zu fünft fast ein Jahr. In dem Zimmer gab es keine Betten, so breiteten sie Decken auf dem Boden aus, legten sich darauf, und da sie oft sehr müde waren, schliefen sie gut.

In dem kleinen Ort wartete man auf die russischen Soldaten und hatte große Angst. Eine ganze Nacht lang hörte man Gewehr- und Kanonenschüsse, dann war es mit einem Mal sehr still. Niemand traute sich auf die Straße, wenigstens niemand von den Erwachsenen. Die Kinder waren frecher, und ein paar liefen durch das ausgestorbene Städtchen. Unter ihnen war Otto. Sie stiegen auf stehengelassene Autos und Lastwagen, fanden Gewehre, faßten sie aber nicht an, weil sie fürchteten, sie könnten geladen sein. Sie entdeckten einen Panzer, den sie „eroberten" und in dem sie sich einnisteten.

Als es Mittag war, hörten sie Lärm, Rufe, das Kettengeklirr von rollenden Panzern, und sie sahen, wie die russischen Soldaten die Dorfstraße herunterkamen, allen voran ein Pferdewagen, auf dem ein Soldat stand, der die kleinen Pferdchen mit Peitschenknallen antrieb. Otto bewunderte den Soldat, der auf dem holpernden, schwingenden Wagen wie ein Tänzer aussah. Die Kinder kletterten aus dem Panzer heraus. Sie hatten Angst, aber die Soldaten winkten ihnen zu, aus einem Lastwagen warf einer ein weißes Brot herunter, dann noch eines, noch eines, und so konnten die Kinder Brot mit nach Hause bringen. Ottos Mutter schimpfte schrecklich, als er mit dem Brot nach Hause kam. Sie hatte ihm nicht erlaubt, auf die Straße zu gehen, aber am Ende waren alle froh, daß er das Brot mitgebracht hatte.

Vom Brot, genauer gesagt, vom Brot, das die Leute *nicht* hatten, will ich eigentlich erzählen, vom Hunger. Ihr könnt gar nicht wissen, was Hunger ist, wie Hunger ist. Obwohl es auf der Erde noch viele Leute gibt, die immer Hunger haben. Der Hunger fängt ganz langsam an, macht den Bauch hohl und schwer. Man hat das Gefühl, man sei satt, sehr satt, aber nur eine Weile, dann beginnt der Hunger weh zu tun. Es sind Schmerzen, die überall stecken, in den Beinen wie im Kopf, vor allem im Kopf, denn man weiß – hat man eine Weile Hunger gehabt – nicht mehr, was man vor lauter Hunger tun soll. Hunger macht einen verrückt. Die Kinder beginnen vor sich hinzuweinen, die Mütter sind hilflos. Als Otto einmal zwei Tage lang Hunger gehabt hatte, gab ihm seine Mutter einen Schnürsenkel, auf dem er kauen konnte. Das half zwar nicht gegen den Hunger, aber Otto dachte sich aus, was der Schnürsenkel alles sein könnte: ein Stück Fleisch, Brot, Nudeln, was ihm eben einfiel.

In dem Dorf gab es Leute, die nicht hungerten, weil sie Gärten hatten, in denen Gemüse wuchs, oder weil sie Vorräte in ihren Kellern hatten. Bei denen bettelten die Kinder, aber sie bekamen selten etwas, denn für diese Leute waren es fremde Kinder, die von irgendwo hierher gekommen waren.

Der Besitzer des großen Hauses, in dem Otto wohnte, hatte einen solchen Garten. Das Haus stand auf einem Felsvorsprung, war hoch gebaut, und unterhalb des Felsens, in den ein Treppchen geschlagen war, lag an einem Bach, umgeben von einem hohen Stacheldrahtzaun, der Garten. In ihm wuchsen Radieschen, Kohlrabi, Spinat, Salat und eine große Menge Möhren.

An einem späten Abend, als die russischen Soldaten gerade im Hof des Hauses ein Fest feierten, sangen, tranken und tanzten, verließ Otto das Zimmer, schlich sich über den Hof zu dem Treppchen am Felsen, stieg langsam, immer wieder um sich blickend, ob niemand in der Nähe sei, in den Garten. Schon von oben roch er das frische Grün der Karotten. Der Hunger krampfte seinen Bauch zusammen. Er duckte sich, und als er im Garten unten war, legte er sich auf die Erde, zog sich mit den Armen langsam vor bis zu den Karotten. Eine riß er aus der Erde. Es ging leicht. Sie war groß und wunderschön rot. Die Spucke floß ihm im Munde zusammen. In dem Augenblick, als er sie putzen wollte, packte ihn eine Hand im Nacken, die andere Hand schlug mit furchtbarer Gewalt auf ihn ein. Es war der Hausbesitzer, der ihn anscheinend schon lange verfolgt hatte. Immer wieder schlug ihn der Mann. Am Ende drückte er sein Gesicht in die Erde und schrie: Friß das! Otto merkte gar nicht, daß er weinte. Er stand auf. Alles tat ihm weh. Er stand vor dem Mann. Der Mann sagte: Gib die Möhre her! Otto schüttelte den Kopf. Da riß ihm der Mann die Möhre aus der Hand und sagte: Ich möchte dich hier nicht noch einmal sehen.

An diesem Abend kam Otto spät und von Schmutz überzogen in das Zimmer zurück. Seine Mutter schimpfte ihn aus. Er sagte nicht, was geschehen war. Er fragte sich nur immerfort, warum ihm der Mann nicht wenigstens die eine Möhre gegeben hatte, denn der Mann mußte wissen, welchen Hunger er hatte.

Das fragt er sich bis heute. Sicher war es Diebstahl. Sicher war es nicht richtig. Aber was hätte Otto tun sollen?

## Wie sich Entscheidungen auswirken

### Schwere Entscheidungen?

Soll ich meinem Bruder zum Geburtstag eine Packung Playmobil oder Lego kaufen?

Welchen Namen geben wir unserer neuen Katze?

Ich darf mir ein Fahrrad kaufen. Für welches Modell soll ich mich entscheiden?

Es gibt viele solcher alltäglichen Entscheidungen, die uns meistens nicht besonders schwerfallen, weil es nicht um entscheidende Dinge geht. Wir könnten eigentlich mit beiden Möglichkeiten zufrieden sein. Die Entscheidung hat keine schwerwiegenden Folgen, die uns noch längere Zeit belasten.

Bei schweren Entscheidungen geht es um wichtige Angelegenheiten. Die Entscheidung für etwas ist gleichzeitig auch eine Entscheidung gegen etwas, was mir ebenfalls sehr wichtig ist. Ich muß etwas aufgeben, was mir sehr am Herzen liegt, oder ich muß jemand weh tun, den ich sehr mag. Die folgenden zwei Beispiele zeigen, wie schwierig es ist, in solchen Situationen richtig zu entscheiden.

### Hätte ich meinen Hund behalten sollen?

In unserer früheren Wohnung hatte ich einen kleinen Hund. Zu unserer Wohnung gehörte auch ein kleiner Garten. Mir machte es viel Spaß, mit meinem Hund dort zu spielen und herumzutollen.

Als feststand, daß wir wegziehen mußten, kam mein Vater zu mir und sagte, daß es in der neuen Wohnung weniger Platz und vor allem auch keinen Garten mehr gäbe. Er fragte, wie ich es lieber hätte, daß der Hund keinen Auslauf mehr hat und es umständlich werden wird, ihn auszuführen oder mit ihm im Freien zu spielen, daß er vielleicht sogar überfahren wird, wenn wir ihn behalten, oder ob er ihn verkaufen sollte.

Ich war sehr traurig und habe lange überlegt, bis ich bereit war, den Hund zu verkaufen.

Als dann der Mann, der den Hund gekauft hatte, kam, um ihn abzuholen, mußte ich furchtbar weinen. Jetzt tut es mir leid, daß ich ihn weggegeben habe, weil er für mich der süßeste Hund der Welt war. *Karin, 11 Jahre*

### Zu wem soll ich gehen?

Meine Freundin Nadja ist ein nettes Mädchen, aber sie ist traurig, weil ihre Eltern sich scheiden lassen wollen. Nadjas Mutter möchte ihre Tochter auf keinen Fall hergeben und redet immer wieder auf Nadja ein, wie gut sie es haben wird, wenn sie bei ihrer Mutter bleibt. Nadja hatte ihre Mutter sehr gern, sie konnte es sich aber überhaupt nicht vorstellen, nicht mehr bei ihrem Vater zu sein. Einmal sagte mir Nadja: „Ich gehe zu keinem von beiden, ich haue ab." Zum Glück beruhigte sie sich wieder. Nadjas Vater wollte ebenfalls seine Tochter unbedingt behalten. Einmal nahm er sie mit, um seine neue Wohnung zu zeigen. Er wollte für Nadja ein schönes Kinderzimmer einrichten. Aber Nadja konnte sich darüber überhaupt nicht freuen. „Am liebsten wäre es mir, meine Eltern würden sich wieder verstehen, und ich müßte mich überhaupt nicht entscheiden", sagte sie hinterher zu mir. *Simone, 12 Jahre*

> Liebe Mutter,
> Deine Absicht, Dir ein zweites Kind zuzulegen, solltest Du besser mit mir als mit meinem Vater besprechen, denn schließlich ginge das ja auf meinem Buckel aus.
> Ganz ehrlich! Was Ihr zu bieten habt, sowohl was menschliche Zuwendung als auch irdische Güter betrifft, ließe sich kaum durch zwei teilen, ohne ein saumäßiges Leben zu haben.
> Dein
>   hoffentlich auf ewig
>     einziger
>   Sohn.

- Wie könnte die Mutter auf diesen Brief reagieren? Überlegt dazu verschiedene Möglichkeiten!

- Wie beurteilt ihr den Sohn? Was möchte er mit diesem Brief seinen Eltern sagen?

- Was könnten eurer Meinung nach Eltern tun, daß der Familiennachwuchs nicht eifersüchtig als Konkurrenz betrachtet, sondern mit Freude und Spannung erwartet wird?

- Versucht, die Antwort der Mutter ebenfalls als Brief zu schreiben:
Lieber Sohn,
Deinen Brief...

## Wie sich Entscheidungen auswirken

**Wie man in der Familie ein Problem lösen kann**

In jeder Familie tauchen ab und zu Probleme auf, die mehrere Familienmitglieder betreffen. Bei den Schmitts beispielsweise gab es immer wieder Streit, wenn Frank, 8, und Peter, 6 Jahre, vor dem Schlafengehen ihr gemeinsames Zimmer aufräumen sollten. Peter drückte sich gern vor dieser Arbeit und überließ sie seinem Bruder. Der kam sich ausgenutzt vor.

Eines Abends war es mal wieder soweit: Erst zankten sich die Jungen, dann wurde eine lautstarke Balgerei daraus.

Als der Krach trotz Frau Schmitts Ermahnungen noch zunahm, verlor Herr Schmitt die Geduld. Er eilte ins Kinderzimmer. Dort gab es für jeden eine Ohrfeige. Tränen rollten. „Jetzt wird aufgeräumt", schimpfte der Vater, „und dann marsch ins Bett."

Als Frau Schmitt ihren Kindern gute Nacht sagen kam, beschloß sie, mit ihnen gemeinsam zu besprechen, was man in ihrer Familie besser machen könnte. „Daß ich eine Ohrfeige gekriegt habe, war ungerecht", beschwerte sich Frank. „Ich räum' nicht mehr auf, weil ich ja sowieso alles falsch mache", verteidigte sich Peter. „Immer wird gemeckert, wenn ich meine Spielsachen dorthin lege, wo ich es richtig finde." Es wurde ausgemacht, daß jeder der Jungen in Zukunft den Platz für seine Spielsachen selbst bestimmen sollte. „Wir haben überhaupt zu wenig Platz", stellte Frank fest. „Es wäre viel besser, wenn jeder von uns sein eigenes Regal hätte." Frau Schmitt fand die Idee großartig. „Und die Regale bauen wir selbst", schlug Herr Schmitt zur großen Freude seiner Kinder vor, als er von dem Gespräch erfuhr.

– *Wie denkt ihr über das Verhalten der einzelnen Familienmitglieder?*

– *Funktioniert eurer Meinung nach der vorgeschlagene Lösungsweg?*

– *Wie habt ihr eure „Aufräumprobleme" gelöst?*

**Das Waschproblem**

> Liebe Eltern,
>
> nach langem Nachdenken habe ich beschlossen, mich mindestens vier Wochen lang nicht mehr zu waschen. Die wichtigsten Gründe für diese Entscheidung waren:
>
> Ich möchte umweltbewußt handeln und kein Wasser mehr verschwenden.
>
> Da ich keine Seife, kein Haarwaschmittel und keine Handtücher mehr brauche, können wir das dadurch gesparte Geld für wichtigere Dinge zurücklegen.
>
> Weil ich niemandem mehr im Badezimmer in die Quere komme, leiste ich einen wichtigen Beitrag zum Familienfrieden.
>
> Der Boden unseres Badezimmers bleibt endlich von Wasserspritzern verschont.
>
> Ich hoffe, Ihr habt Verständnis für meine Entscheidung.
>
> Euer Steffen

– *Versetzt euch in die Rolle der Eltern und schreibt Steffen einen Antwortbrief!*

## Wie sich Entscheidungen auswirken

**Das Waschproblem – endlich gelöst!**

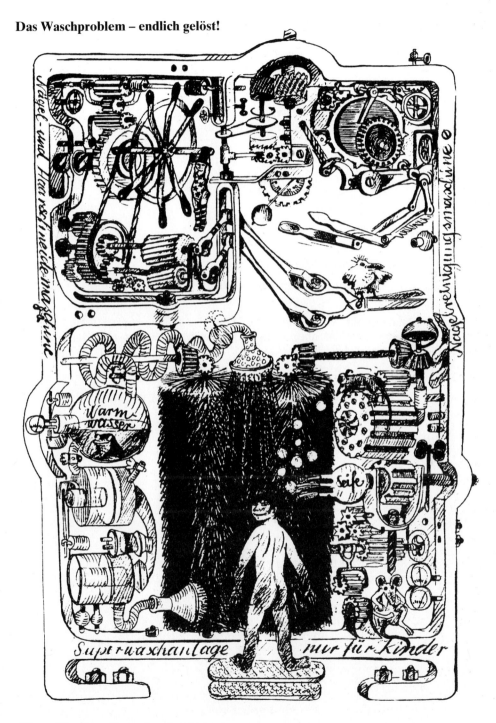

*Klaus Eberlein: Superwaschanlage*

## Wie löst man seine Lernprobleme?

*Sich regen*
*bringt Segen.*
*Spricht aber auch nichts dagegen,*
*sich auf die faule Haut zu legen!*

Dieser Lösungsvorschlag gefällt sicher nur dem, der seine Lernprobleme gar nicht lösen will. Auf Dauer ist das aber wenig erfolgreich. Vielleicht hilft das folgende Rezept weiter?

### Rezept für naturverbundenen Schulerfolg

Nimm zwei große Löffel voll Glyzerin,
lasse diese in lauem Rosenwasser ziehn,
tue daran etwas von Hefe und Eisenwurz,
stell das Gemisch unter einen Käsesturz,
lasse es friedlich zwei Wochen da gären,
auf daß sich seine Wunderkräfte mehren.

Streiche hernach von dem Brei auf deine Stirn,
und du wirst spüren, wie es in deinem Hirn
plötzlich knistert und blitzt und kracht,
wie die Schularbeit sich fast von selber macht!

Ist dein Gehirn jedoch dann immer noch leer,
so koch einen Absud aus viel Wacholderbeer,
verquirle gut mit Salbei, Alraune und Schmalz,
etwas Jasmin, je eine Prise Kresse und Klee.
Trink zweimal stündlich von diesem Tee!

Bist du dann immer noch nicht gescheiter,
hilft dir vielleicht nur Lernen noch weiter.

*Ingrid Kötter*

**Bodo B.**

Bodo B. ist zehn Jahre alt. Was seine Klassenkameraden über ihn sagen:
„Bodo legt die Beine auf die Bank."
„Bodo sieht während des Unterrichts aus dem Fenster."
„Bodo wirft Stühle und Bänke um."
„Bodo haut." – „Bodo boxt."
„Bodo meckert alle an – auch die Lehrer."
„Bodo macht alles kaputt. Dem leiht keiner mehr was."
„Bodo mag keine Mädchen."
„Bodo sitzt immer allein in der letzten Bank."
„Warum? Na ja – es will keiner mehr neben ihm sitzen. Wenn trotzdem einer zu ihm gesetzt wird, kommen unter Garantie kurz darauf dessen Eltern und beschweren sich."

Das alles weiß Jutta nicht. Sie ist neu in Berlin, kommt neu in die Klasse. Es ist nur ein Platz frei, der neben Bodo. Der grölt: „Wenn die sich setzt, schmeiß' ich die Bank um!"

„Feigling!" flüstert es ringsum.

„Bodo, nimm die Beine vom Tisch!" befiehlt die Lehrerin. „Jutta, setz dich!" Das Mädchen versucht es. Krachend fällt die Bank um. Jutta hebt sie wieder auf, nimmt Platz. Wütend steht Bodo neben der Bank. Dann setzt er sich auf den Stuhl der Lehrerin und bewirft die Mitschüler mit Kreide. Die schimpfen.

In der Pause schlägt Bodo Jutta die Klassentür vor den Kopf. Alle lachen. Vor der letzten Stunde klettert der Junge auf den Kartenständer und fällt damit auf seine Nachbarin. Alle sehen die Neue an. Die beißt die Zähne zusammen und bleibt in der Bank sitzen.

Vierzehn Tage lang ist Jutta schon in der Klasse, da merkt die Mutter, daß etwas nicht stimmt, daß Jutta nicht mehr gerne zur Schule geht. Sie fragt und hört von Bodo. „Aber es ist schon nicht mehr so schlimm mit ihm. Den letzten Buntstift, den ich ihm geliehen habe, hat er nicht zerbrochen", schließt das Mädchen. Die Mutter spricht mit dem Klassenlehrer. Der erklärt, daß es Bodo zu Hause nicht leicht hat, daß bald die neue Schule bezugsfertig ist. „Dort haben wir größere, hellere Räume, können mehr Bänke aufstellen." Juttas Mutter interessiert das nicht. Sie besteht darauf, daß ihre Tochter neben ein anderes Kind gesetzt wird, und ist stolz, als sie es erreicht.

Wenig später erzählt das Mädchen: „Bodo hat die Bank angekokelt. Beinah' hätte ich Feuer gefangen."

„Sitzt du denn wieder neben diesem gräßlichen Jungen?" fragt die Mutter. „Da will ich doch gleich mal zum Lehrer …"

„Halt! Nein!" ruft Jutta. „Renn nicht gleich wieder zur Schule! Bodo und ich haben beschlossen, nebeneinander sitzen zu bleiben. Er ist eigentlich ganz in Ordnung. Er will mir sogar beibringen, wie man vom Dreimeterbrett springt. Er hat nämlich den Freischwimmer."

Bald springt Jutta ohne Angst vom Dreimeterbrett, und Bodo boxt etwas weniger, haut weniger um sich, macht weniger kaputt.

Eines Tages bringt er einen Hamster mit in die Schule und sagt zu Jutta: „Meine Mutter will das Tier nicht mehr im Haus haben. Kannst du es gebrauchen?" Juttas

Eltern haben nichts gegen den kleinen Nager. Gemeinsam kaufen die Kinder einen Käfig. Nun kommt Bodo fast jeden Tag. Wenn Klassenkameraden lästern, weil er zu einem Mädchen geht, sagt er drohend: „Quatsch! Ich besuche meinen Hamster. Verstanden?"

Am Tag vor den großen Ferien feiert Jutta Geburtstag. Auch Bodo ist eingeladen. Alles geht gut, bis ein Junge nicht mit ihm spielen will, ein Mädchen sich weigert, mit ihm zu tanzen. Wütend rennt Bodo hinaus und läßt im Vorgarten den Hamster frei. Juttas Mutter kann das Tier noch erwischen, bevor es auf die Straße rennt. Bodo aber ist verschwunden. Jutta will ihm nachlaufen, ihn zurückholen. Die Mutter verbietet es.

Am nächsten Morgen fährt das Mädchen mit den Eltern an die Ostsee.

Nach den Ferien ist der Neubau fertig. Jutta muß in die neue Schule. Bodo bleibt in der alten. Die Teilung wurde nach Straßenzügen vorgenommen.

Bodo soll wieder allein in der letzten Bank sitzen.


*Irmela Wendt*

**Uli und ich**

Quer durch meine Schrift ging ein Strich, und deswegen bekam ich keine Zwei. Zu Hause haben sie gesagt, ich brauchte es mir nicht gefallen zu lassen. „Ich will nicht mehr neben Uli sitzen", habe ich zu meiner Lehrerin gesagt. „Wo willst du denn sitzen, Petra?" hat sie gefragt. „Neben Peter", habe ich gesagt.

Ich habe meine Sachen vom Tisch genommen und bin einfach gegangen und habe kein Wort zu Uli gesagt. Und Uli hat auch nichts gesagt. Er ist dagestanden und hat geguckt und hat ganz nasse Augen gehabt.

Dann hat Rolf sich zu Uli gesetzt, und ich habe gedacht, wie lange das wohl gutgeht. Gleich am nächsten Tag hat Rolf gepetzt, daß Uli mit dem Stuhl wackelt, daß Uli an den Füller stößt, daß Uli den Radiergummi nimmt, daß Uli abguckt. Um jede Kleinigkeit hat Rolf aufgezeigt, und es hat mich ganz nervös gemacht.

Jörg ist wieder da; er war lange krank. Er hat sonst neben Peter gesessen, und es ist selbstverständlich, daß er seinen Platz wieder nimmt. In unserer Klasse sind vierzig Plätze, acht Plätze bleiben immer frei, weil wir nur zweiunddreißig sind. Ich gucke mich um. Ich sehe, der Platz neben Uli ist auch frei; Rolf fehlt. Ich weiß selbst nicht, weshalb ich mich wieder auf meinen alten Platz setze. Ich will meine Sachen auspacken, da sagt Uli: „Ich finde, man kann nicht einfach wiederkommen, wenn man einmal weggegangen ist."

Ich habe nicht erwartet, daß Uli so was sagt. Ich weiß nicht, was ich tun soll. Ich denke daran, daß er geweint hat, als ich weggegangen bin. Da fragt meine Lehrerin: „Was sagst denn du dazu, Petra?" Ich bringe kein Wort heraus. Da fragt sie noch mal. Ich sage: „Uli hat recht." – „Ja, und?" fragt die Lehrerin. – „Heute bleibe ich hier sitzen. Morgen kann ich mich ja woanders hinsetzen", sage ich.

Keiner hat weiter ein Wort gesagt. Auch nicht am nächsten Tag. Und nicht die andern Tage. Ich weiß nicht, wie lange ich schon wieder neben Uli sitze. Manchmal stößt er mich an, und verschrieben habe ich mich seinetwegen auch. Aber man kann sich auch was gefallen lassen, finde ich. Und so unruhig wie früher ist er gar nicht mehr.

# Beurteilung von Entscheidungen

*Gustav R. Eriks*

**Mut**

*Übersetzung aus dem Schwedischen von J. L. und H. Hörner*

Der Wind trieb Algot harte Schneeflocken ins Gesicht. Die stachen ihm in die Haut wie Nadeln. Ein mit Weihnachtsbäumen beladener Lastwagen fuhr an ihm vorbei.
Letzte Weihnachten hatten sie zu Hause keinen Baum gehabt, aber dieses Jahr würden sie sicher einen bekommen. Der Schneeball kam laut zischend durch die Luft und traf ihn genau über dem Ohr. Er war hart, denn es waren kleine Steine darin. Algot spürte, wie ihm vor Schmerz die Tränen kamen. Dann folgte noch ein Ball, aber er flog an ihm vorbei, ohne ihn zu treffen.
Er schaute nach rechts über die verwachsenen, schneebedeckten Sträucher hinweg auf den Hügel, und dort standen drei Jungen, an ein Eisengitter gelehnt. Sie waren ungefähr in seinem Alter, aber sie gingen nicht in seine Schule. Sie wohnten in den „Baracken" am oberen Ende der Straße. Algot ging ihnen immer aus dem Weg, weil ihm ihr Aussehen nicht gefiel. Aber jetzt spürte er, wie der Zorn in ihm hochstieg und alle anderen Gedanken auslöschte.
Er spürte nur, daß sein Ohr schmerzte und daß er diesen Wurf nicht ohne weiteres hinnehmen konnte. Er wußte noch nicht, was er machen sollte, aber er fühlte, wie sein Zorn zunahm.
Er stand da mit Tränen in den Augen und starrte auf die drei Jungen, die ruhig abwartend mit boshafter Neugier auf ihn herunterschauten.
„Wolltest du etwas Besonderes?" fragte schließlich einer von ihnen, anscheinend der Anführer.
Er kletterte über das Gitter und kam langsam den Weg herunter. Die übrigen folgten ihm.
„Ja", sagte ein kurzgewachsener, kräftiger Junge mit platter Nase und verschwommenem Blick. „Er will etwas Besonderes, scheint's." „Ah, er will Streit", sagte der Dritte. „Das sieht man ja deutlich. Das möchtest du doch, oder?"
Nun bereute Algot, daß er stehengeblieben war, er bereute, daß er sich überhaupt um die Jungen gekümmert hatte und nicht einfach weitergelaufen war. Jetzt war es zu spät, nun mußte er etwas sagen oder etwas tun. Er spürte, wie sein Zorn abnahm und Angst in ihm aufstieg. Was sollte er sagen? Ihm war ganz trocken im Hals, und seine Knie zitterten ein wenig.
Sie nahmen ihn in die Mitte und beobachteten ihn genau. Algot kratzte den Schnee aus dem Ohr und versuchte geradezustehen. „Tapferer Junge, der da", sagte der Anführer und lächelte wie ein Seeräuber. „Mir gefallen Jungen, die Streit suchen."
„Das hab' ich gleich gesagt. Hab' ich doch, oder?" – „Gewiß", sagte der mit der Boxernase. Algot versuchte zu denken.
„Ich hab' keine Lust, mich zu raufen", brachte er heraus. „Und ihr seid ja zu dritt – das ist nicht gerecht."

Er war erstaunt, wie schwach seine Stimme klang. Sie zitterte sogar.

„Du kannst wählen", sagte der Anführer großzügig. „Du brauchst dich nur mit einem von uns zu schlagen. Mit wem du willst." – „Wähle mich", sagte der mit der Boxernase, „wir können dahinten runtergehen."

„Ja, ja ... aber ich habe keine Lust, mich zu raufen", sagte er schwach.

„Ich hab's doch eben gesagt, daß ich keine Lust habe, mich zu raufen."

„Was wolltest du denn dann?" fragte der Anführer lauernd.

Alle drei Jungen grinsten zufrieden. Sie dachten wohl, daß es schwer für ihn sei, diese Frage zu beantworten. Aber sie konnten auch nicht einfach mit einem fremden Jungen Streit anfangen. Doch wenn sie einen Grund hätten ...

„Ich habe euch mit ein paar Jungen verwechselt, die ich kenne", sagte Algot. Und jetzt war seine Stimme fast wie sonst. „Ich sehe nicht so gut – ich muß bald eine Brille tragen."

Die drei Jungen sahen enttäuscht aus. Sie konnten ja nicht beurteilen, ob das, was er sagte, richtig war. Daß ein Junge schlechte Augen hatte, war kein Grund zum Streiten. „Ach so, du hast schlechte Augen", sagte der Anführer mürrisch. „Ja", sagte er, „ich bin kurzsichtig." Seine Knie hatten aufgehört zu zittern.

„Schade", bemerkte der mit der Boxernase, „du hättest sonst einen tollen Kampf haben können."

„Das hättest du gleich sagen können", sagte der Anführer. „Wir glaubten, du wolltest etwas Besonderes von uns."

Algot schwieg. „Na, dann hauen wir ab", sagte der Anführer.

„Tschüs!" „Tschüs!" sagte Algot. „Am besten, du schaffst dir gleich eine Brille an, damit du nicht in eine Straßenbahn rennst und meinst, es sei ein Junge, den du kennst."

Die drei Jungen gingen hinauf zu den Baracken.

Algot blieb noch eine Weile stehen und schaute ihnen nach. Dann ging er weiter in Richtung Götschstraße. Er dachte noch einmal über das ganze nach. Er war nur wenig erleichtert, daß er so billig davongekommen war. Er war feige gewesen. Er hatte überhaupt nichts an den Augen und sah genauso gut wie die anderen auch. Hätte er nur gewagt, dort zu bleiben und zu kämpfen! Natürlich hätte er Prügel bekommen, aber das wäre gleichgültig gewesen. Das war nicht wichtig. Dann wäre ihm jetzt wenigstens anders zumute. Er war feige. Wenn er Bücher las und Filme im Kino sah, fühlte er sich immer stark und mutig. Aber wenn es wirklich galt, dann wagte er nichts. Dann war er feige. Er hätte dem Jungen mit der Boxernase hinter den Bretterzaun folgen sollen. Jetzt wäre auch alles vorüber. Und alles wäre anders.

– *Was hat sich für Algot verändert?*

– *Haltet ihr ihn für wirklich feige?*

– *Woher hat er seine Vorstellungen von Mut und Feigheit?*

– *Haltet ihr es für etwas Negatives, Angst zu haben?*

– *Wie beurteilt ihr Algots Verhalten?*

– *Warum sind die drei Jungen so aggressiv und greifen Algot an?*

**Selbsthilfe**

„Ich bin so unglücklich", sagte der Hans zur Mutter. „Was soll ich dagegen tun?"
„Versuche es mit guten Taten", sagte die Mutter. „Tue jeden Tag eine gute Tat!"
„Warum?" fragte der Hans.
„Weil gut sein glücklich macht", sagte die Mutter.
„Ich will es versuchen", murmelte der Hans.
Nach drei Tagen erkundigte sich die Mutter, ob es der Hans mit den guten Taten schon versucht habe.
„Ja", rief der Hans. „Und es hat fabelhaft geholfen! Vorvorgestern habe ich mir Schokolade geschenkt! Vorgestern habe ich mir eine Kinokarte gekauft! Gestern habe ich mir eine Geschichte vorgelesen!"
„Du dir selber? Alles dir selber?" rief die Mutter entsetzt.
„Na sowieso!" sagte der Hans. „Wer so unglücklich ist wie ich, hat gute Taten wohl am allernötigsten!"

– *„Sag ja zu dir selbst!" – Dieser Satz will Menschen helfen, die sich unglücklich fühlen. Wie versteht ihr diesen Ratschlag?*

– *Warum fällt dies vielen Menschen schwer?*

– *Wie denkt ihr über das „Selbsthilferezept", mit dem Hans sein Unglück zu bekämpfen versucht?*


**Mut zu dir selbst!**

Laß dir nicht einreden,
die Welt ist (nur) schlecht:
Die Freude liegt vor deiner Haustür!

Viele Kleinigkeiten können das Leben
froh machen: Und meist
besteht der Alltag aus Kleinigkeiten.

Sieh dich an: Du hast sicher Vorzüge, die
anderen fehlen: Freu dich darüber!
Sag ja zu dir selbst!

Nur Mut!

Beurteilung von Entscheidungen

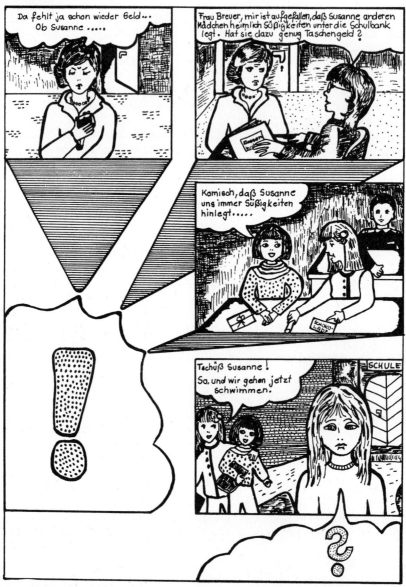

– Wie beurteilt ihr Susannes Verhalten und die Reaktion der beschenkten Mädchen?

– Wie könnten die Mutter oder die Lehrerin Susanne helfen?

– Stellt euch vor, Susanne führt ein Tagebuch. Was würde sie heute aufschreiben?

## „Als ich einmal etwas bereut habe"

Schüler einer 5. Klasse berichten von ihren Erfahrungen:

Als meine Mutter meinen Vater von der Arbeit abholte, war ich allein zu Hause. Meine Mutter hatte auf ihrer Kommode ein sehr teures Parfüm stehen. Ich nahm das Parfüm und besprühte mich von oben bis unten. Dann sprühte ich noch im ganzen Raum herum, bis die Parfümflasche halb leer war. Als meine Mutter heimkam, gab es großen Ärger. Ich versprach, so etwas nie wieder zu machen. Am nächsten Tag kaufte ich ihr von meinem Taschengeld ein kleineres Parfümfläschchen, das nicht so teuer war.
*Corina, 11 Jahre*

☆

Mein kleiner Bruder ärgert mich ständig. Ich werde dann oft so wütend, daß ich ihm eine runterhaue. Dann fängt er meistens an zu weinen, weil ich stark zuschlagen kann. Mir tut das dann sehr leid und ich bereue es immer ganz arg.
*Daniela, 12 Jahre*

☆

Meine Freunde Michael und Thomas sind mit mir in die Altstadt gefahren. Ich habe einen Hammer mitgenommen, weil Michael mir erzählt hatte, daß es dort einen Kaugummiautomaten gäbe, der sehr dünne Scheiben habe. Beim Automaten hatten wir alle ein dumpfes Gefühl, aber wir wollten es trotzdem machen. Ich nahm einfach den Hammer und schlug die Scheibe ein. Wir holten eine Tüte hervor und stopften alles rein, was wir greifen konnten. Dann steckte ich die Tüte in meinen Anorak, und wir fuhren schnell weg. In den nächsten Tagen hatte ich immer ein dumpfes Gefühl überall und dachte immer wieder darüber nach. Nach ein paar Wochen fand meine Mutter die Kaugummis. Es gab viel Ärger, und ich erzählte ihr alles. Nachher war ich erleichtert und habe geschworen, so etwas nie wieder zu tun.
*Boris, 11 Jahre*

☆

Meine Eltern gingen einmal abends noch weg in ein Tanzkaffee um die Ecke. Nach einer Weile bekam ich Hunger und dachte: „Solange nichts anbrennt, merken sie auch nichts." Dann ging ich in die Küche und kochte ein Spiegelei. Doch da läutete das Telefon. Meine Freundin war dran. Plötzlich fiel mir das Spiegelei wieder ein. Ich warf den Hörer zur Seite und rannte in die Küche. Sie war voller Rauch, und in der Pfanne waren nur noch verkohlte Eierreste. Als meine Eltern heimkamen, merkten sie es natürlich sofort. Sie waren wütend auf mich und zeigten mir, was noch alles hätte brennen können. Ich bereue es heute noch, daß ich damals so leichtsinnig war.
*Melanie, 11 Jahre*

– *Wer etwas bereut, fühlt sich nicht nur schuldig, er möchte auch angerichteten Schaden wieder gut machen und in Zukunft solche Fehler möglichst vermeiden. Gilt das auch für die vier Fallbeispiele?*

– *Habt ihr selbst schon Erfahrungen gemacht, daß Reue ein Anstoß sein kann zur Einsicht und Umkehr?*

## Wann sollen Kinder abends ins Bett?

„Abends um sieben beginnt bei uns der Kampf ums Schlafengehen. Unser Sohn ist ein Meister der Verzögerungstaktik. Jedesmal muß er unbedingt noch ein Bild fertig malen, ein Haus bauen, oder seine Autos in die Garage fahren. Habe ich ihn dann endlich so weit, daß er mit dem Spielen aufhört, trödelt er im Bad, tollt im Bett herum, muß nochmals dringend aufs Klo, hat Durst oder muß uns etwas ganz Wichtiges erzählen."

Solche Szenen spielen sich in vielen Familien tagtäglich ab. Und meistens wissen Eltern nicht, wie sie auf die ständige Herausforderung reagieren sollen. Sie fühlen sich dem abendlichen Nervenkrieg, diesem „Zirkus", machtlos ausgeliefert.

– *Warum wollen Kinder nicht ins Bett?*

– *Wer bestimmt bei euch, wann ihr heimkommen müßt und wann ihr ins Bett müßt?*

– *Stellt zusammen, was Eltern alles bedenken müssen, wenn sie ihre Fürsorgepflicht erfüllen und verantwortungsbewußt handeln wollen!*

Lieber Gott, mein Vater sagt, die Kindheit sei die beste Zeit im Leben. Sag ihm doch bitte, daß das nicht stimmt, wenn wir nie länger aufbleiben und fernsehen dürfen.

Jörg

# Beurteilung von Entscheidungen

*Karin Bolte*

**Hörst du überhaupt zu?**

*Mutter schimpft:*

Nun sieh dir die neue Hose an – schon wieder ein Loch drin. Hab' ich dir nicht gesagt, du sollst vorsichtig damit sein? Glaubst du denn, dein Vater verdient sein Geld im Schlaf? Das ist nun schon die dritte Hose, die du kaputtgerissen hast. Nächstens bleibst du dann eben zu Hause, wenn Vater, Hanne und ich weggehen. So nehm' ich dich jedenfalls nicht mit – man muß sich ja vor den Leuten schämen, wie du aussiehst! Aber dich stört das ja alles nicht. Mach nicht so ein Gesicht, sonst gehst du gleich auf dein Zimmer. Überhaupt muß ich mal mit Vater reden – mit dir müssen wir mal andere Saiten aufziehen. Wenn man mit dir vernünftig redet, das verstehst du ja nicht. Nimm dir ein Beispiel an Hanne, die reißt sich nie was kaputt und spielt dann noch beleidigte Leberwurst.
Hörst du mir überhaupt zu?

*Peter denkt:*

Herrje, was für ein Lärm wegen dem Loch. Dabei ist es ganz klein. Warum die immer alles sieht? Ich war ja vorsichtig, aber da war der blöde Ast, und den hab' ich nicht gesehen... Wenn sie mir gleich die Jeans angezogen hätte, wär' das nicht passiert, ist ja selber schuld. – Prima, dann kann ich hier bleiben und muß nicht spazierengehen. Ich werd' nur noch Löcher in die Hosen reißen. – Was die bloß die Leute angehen – ist doch Wurscht, was die reden. Was für ein Gesicht soll ich denn machen, ich hab' bloß eins? O Mann, sogar Zimmer ist noch besser als dieser Lärm hier – das sagt sie nun jedesmal, wenn was ist. Mit mir redet ja keiner vernünftig, alle schreien bloß immer... Immer hacken sie auf mir rum. Warum ich mir an der Ziege noch'n Beispiel nehmen soll – die weiß nich mal, wie man ein Loch reißt, diese Zimperliese. Was?

Menschen verstehen sich oft nicht, weil sie aneinander vorbeireden. Das geschieht ganz besonders, wenn sie sich streiten, wenn sie wütend sind oder wenn sie sich angegriffen fühlen. In unserem Beispiel weiß die Mutter nicht, was Peter denkt, und Peter kann nicht verstehen, warum seine Mutter so wütend ist.

– *Stellt euch vor, beide wollen sich zuhören und verstehen, was der andere sagen möchte. Schreibt auf, wie das Gespräch dann ablaufen könnte! Ihr könnt es auch als Rollenspiel darstellen.*

# Beurteilung von Entscheidungen

## Auch Institutionen bestimmen unser Verhalten

# Beurteilung von Entscheidungen

– *Welche Institutionen und Gruppen gehören zu den einzelnen Abbildungen?*

– *Wie bestimmen sie das Verhalten der Menschen?*

– *Welche dieser Institutionen haben Einfluß auf euer Leben? Zeigt an einzelnen Beispielen, wie stark dieser Einfluß ist! Wie erklärt ihr euch die unterschiedliche Bedeutung für einzelne Menschen?*

**Institution – verkehrt**

# *Was wäre wenn ...*

... nicht die Lehrer den Kindern, sondern die Kinder den Lehrern Noten geben würden?

... dann würde es Lehrer mit Einsen geben und Lehrer mit einem „Durchschnittszeugnis" und Lehrer mit Fünfern!

... und dann könnten die Kinder, wenn ein Lehrer etwas schlecht erklärt, sagen: „Das war nun wirklich unter jeder Kritik! Bis nächsten Montag lernen Sie das ordentlich!"

... und die Kinder könnten zum Lehrer dann auch sagen: „Nehmen Sie sich ein Vorbild am Lehrer der 3d. Der ist ein braver Lehrer!"

... und dann hätten manche Lehrer vor der Schule genauso viel Angst wie manche Schüler!

... und dann würden manche Lehrer Nachhilfeunterricht nehmen, damit sie bessere Leistungen erbringen!

... und wer könnte dann – logischerweise – einem Lehrer Nachhilfeunterricht geben? Natürlich ein Kind!

... und weil ich genau Bescheid weiß, wie ein guter Lehrer sein sollte, könnte ich mir dann mit Nachhilfestundengeben mein Taschengeld aufbessern! Und bei dem, was wir in der Schule an Lehrern so haben, könnte ich auch noch meiner Mutter einen neuen Wintermantel kaufen!

# Beurteilung von Entscheidungen

- *Erzählt die Bildgeschichte!*

- *Bei dieser Geschichte geht es auch um Gruppendruck. Habt ihr damit schon Erfahrungen gemacht?*

- *Für welche Kinder oder Jugendliche ist es besonders schwierig, sich in so einer Situation gegen die Gruppe zu stellen?*

- *Versucht, verschiedene Lösungen für den Konflikt des Jungen zu finden und zubewerten.*

### Als ich einmal Gewissensbisse hatte ...

Schülerinnen und Schüler einer 5. Klasse erzählen von Erfahrungen, die sie mit ihrem Gewissen schon gemacht haben.

... da fühlte ich mich schlecht und ich schämte mich. Mein Herz klopfte, ich traute mich nicht mehr heim und fuhr mit dem Fahrrad herum. Dauernd überlegte ich, was ich hätte besser machen können.

☆

In der Wut riß ich einmal unsere Tapete herunter und verdrückte mich schnell in mein Zimmer. Kurz darauf holte mich mein Vater und fragte mich und meinen Bruder: „Wer hat die Tapete runtergerissen?" „Ich nicht!" – und mein Bruder sagte: „Ich auch nicht!" Weil ich die jüngere war, glaubte mir mein Vater, und mein Bruder bekam Schläge und Hausarrest. Als er mit verheultem Gesicht an mir vorbeirannte, tat es mir sehr leid. Ich mußte dauernd daran denken, wie gemein ich war. Schließlich sagte ich es meinen Eltern, da bekam ich den Hausarrest.

☆

Als ich einmal eine schlechte Note bekam, sagte ich nichts davon meinen Eltern. Als meine Mutter mich nach der Arbeit fragte, sagte ich, daß wir sie noch nicht zurückbekommen hätten. Von da an hatte ich ständig Gewissensbisse und bekam immer mehr Angst, daß meine Mutter die Wahrheit herausfinden könnte. Schließlich erzählte ich ihr alles. Dann fühlte ich mich gleich besser.

☆

Als mein Freund zu Besuch kam, zeigte ich vom Papa die Steinsammlung. Gleich am Anfang nahm ich den schönsten und größten Stein heraus. Es war Papas Lieblingsstein. Ausgerechnet mir passierte es. Der Stein fiel auf den Boden und zerbrach in zwei Teile. Als mein Freund weg war, hatte ich ein komisches Kribbeln im Bauch. Ich wollte es meinem Vater nicht sagen, daß sein Lieblingsstein zerbrochen im Schrank lag. Ich mußte dauernd daran denken und konnte nicht einschlafen. Da sagte ich mir, daß mein Papa mich deshalb bestimmt nicht umbringen würde. Da stand ich auf und erzählte es ihm.

☆

Ich spielte einmal im Wohnzimmer. Beim Herumrennen flog die Vase meiner Mutter auf den Boden und war kaputt. Ich rannte schnell in mein Zimmer. Dauernd überlegte ich: „Soll ich es ihr sagen oder nicht?" Als meine Mutter heimkam, sagte ich es ihr. Sie lachte: „Die Vase war sowieso nicht besonders schön." Da war ich froh.

– *Erzählt von Erfahrungen mit eurem Gewissen! Denkt dabei auch an Erfahrungen, bei denen sich das „gute Gewissen geregt hat".*

– *Was tut ihr, um Gewissensbisse zu überwinden?*

## Mein Gewissen ist für mich wie ...

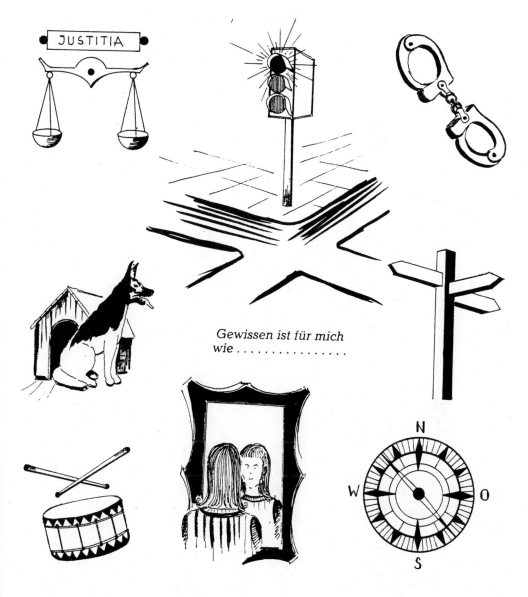

- Diese Bilder veranschaulichen, daß Menschen ihr Gewissen sehr unterschiedlich erfahren.
  Passen einige der dargestellten Vergleiche auch auf Erfahrungen, die ihr mit eurem Gewissen schon gemacht habt?

- Versucht einmal selbst, solche Vergleiche für das Gewissen zu finden und entweder zu zeichnen oder aufzuschreiben.

## Was geht das mich an?

- *Drückt in Worten aus, was diese Karikatur sagen möchte!*

- *Versucht einmal, die Wörter in der Karikatur durch eine Beschriftung zu ersetzen, die für heute paßt.*

- *„Menschen reagieren erst, wenn sie persönlich betroffen sind". Könnt ihr dazu Beispiele finden aus euren Erfahrungen heraus?*

## Jeder hat sein Urteil

- Was haltet ihr von den Bemerkungen der Gruppenmitglieder auf dem Bild?

- Was denkt ihr über Uwes Reaktionen?
  Welche haltet ihr für besonders problematisch?

- Wie könnten Uwes Lehrerin oder Uwes Eltern über ihn denken?

- Wie kommt es, daß Uwe so unterschiedlich beurteilt wird?

# Außergewöhnliche Lebensentscheidungen

**„Jeder, der leidet, braucht unsere Liebe"**

Mutter Teresa ist eine einfache Frau, die gern lächelt, weil sie die Menschen liebt. Sie hat ein ausgeprägtes Gesicht voller Runzeln. Ihr Gesicht ist durch viele Abbildungen, Berichte und Reportagen in der ganzen Welt bekannt geworden. Mutter Teresa ist heute die berühmteste Nonne der Welt.

Sie wurde 1910 in Skopje (Albanien) geboren und hatte bereits mit 12 Jahren den Wunsch, Missionarin zu werden. Sie wurde Ordensschwester, nahm den Namen Teresa an und arbeitete 20 Jahre lang in Kalkutta, einer Millionenstadt in Indien, als Lehrerin an einer Schule ihres Ordens.

*Das Bild zeigt Mutter Teresa 1985 in Hongkong bei der Einweihung einer Baracke, die künftig für wohltätige Zwecke genutzt werden soll.*

Mutter Teresa konnte sich nie an den Anblick der Armen, der Krüppel, der bettelnden Mütter, der hungernden Kinder, der Todkranken und Sterbenden auf den Straßen und Plätzen Kalkuttas gewöhnen. 1946 faßte sie den Entschluß, ihr Leben zu ändern und alles zu tun, um den Menschen in den Elendsvierteln zu helfen. Sie lernte Krankenpflege, um den verlassenen Sterbenden helfen zu können und gründete einen neuen Orden mit dem Namen „Träger der christlichen Liebe in den Slums". Für ihre Schwestern wählte sie als Ordenstracht den indischen Sari, wie ihn die meisten Frauen Kalkuttas tragen. Die Schwestern gehören so zu den Armen dieser Welt.

Sie gründeten ein Haus der Sterbenden, versuchten das schreckliche Elend des Hungers zu lindern, vor allem den hungernden Kindern zu helfen und kümmerten sich besonders um die Leprakranken, die als „Aussätzige" wegen der Ansteckungsangst von allen gemieden wurden.

Slums gibt es auf der ganzen Welt. Die Missionare der Nächstenliebe, wie man die Ordensschwestern und die 1963 dazugekommenen Ordensbrüder nannte, gründeten Häuser in ganz Indien, in Venezuela, in Tansania, Australien, Ceylon, Jordanien, Mauritius, England, Nordirland, Italien, Jemen und auch in Deutschland.

Mutter Teresa wurde weltweit zum Vorbild und zum Beispiel für tätige Nächstenliebe. Sie erhielt viele Preise in der ganzen Welt. 1962 den höchsten Preis, den die indische Regierung vergibt, weil sie den Menschen dient, ohne auf ihre Nationalität, ihre Gesellschaftsschicht, ihre Herkunft, ihre Religion und ohne auch auf Belohnung oder öffentliche Anerkennung zu schauen. Als sie 1979 den Friedensnobelpreis erhielt, war sich die ganze Welt einig, daß sie eine würdige Preisträgerin ist.

Ein Redner sagte bei einer Preisverleihung: „Weder könnte noch würde ich es wagen, etwas über die Persönlichkeit Mutter Teresas zu sagen. Aber sie gibt uns ein Beispiel, aus dem wir lernen können. Es ist einfach und uralt: der Glaube eines Menschen gibt ihm die Kraft zu seinen Taten. Mutter Teresa könnte weder ein solches Leben führen noch solche Werke vollbringen ohne einen großen Glauben."

## „Ich auch nicht"

„Die Menschen von heute hungern nach Liebe, die die einzige Antwort auf Einsamkeit und bittere Armut ist. Deshalb können wir in Länder wie England und Amerika und Australien gehen, wo es keinen Hunger nach Brot gibt. Aber dort leiden die Leute unter schrecklicher Einsamkeit, schrecklicher Verzweiflung, schrecklichem Haß, fühlen sich unerwünscht, hilflos, hoffnungslos. Sie haben das Lächeln verlernt, sie haben die Schönheit menschlicher Berührung vergessen. Sie wissen nicht mehr, was menschliche Liebe ist. Sie brauchen jemand, der sie versteht und achtet."

„Ich würde das nicht für eine Million Dollar tun", meinte ein amerikanischer Journalist, als er zusah, wie Mutter Teresa die stinkende und ekelerregende Wunde eines Patienten versorgte. „Ich auch nicht", antwortete sie.

## Menschen für Menschen

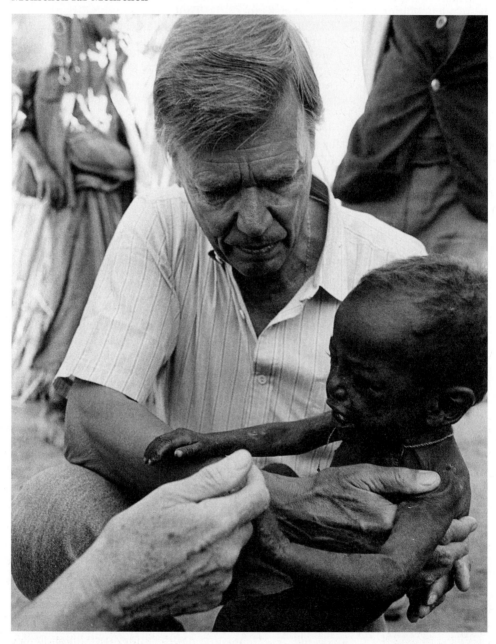

Das Bild zeigt Karlheinz Böhm, den Begründer der Hilfsorganisation „Menschen für Menschen" im Dorf Abdi in Äthiopien. Seit etwas mehr als 10 Jahren versucht diese Organisation in Äthiopien das Verhungern zu verhindern. Sie will mit den Betroffenen zusammen Überlebensprojekte entwickeln.

Aus „Neckar- und Enzbote"
Montag, 15. März 1993, Seite 14, Nummer 61

**Karlheinz Böhm wird 65**

# Äthiopien wurde seine zweite Heimat

Früherer Star-Schauspieler rettete in Afrika Tausenden das Leben

**Für Karlheinz Böhm ist jeder einzelne Mensch wichtig. Darum hat er sich auch nie um die für ihn eher als Ausrede benutzte Parole vom „Tropfen auf den heißen Stein" gekümmert. Denn alles, was der frühere Star-Schauspieler, der morgen 65 Jahre alt wird, in den vergangenen zwölf Jahren gemacht hat, war viel mehr als „nur ein Tropfen".**

Sein Kampf gegen Elend und Hunger in der Dritten Welt ist insofern auch ein Kampf gegen die eigene Ohnmacht und ein Signal, noch mehr zu helfen. Die von ihm 1981 ins Leben gerufene Stiftung „Menschen für Menschen" hat in Äthiopien nicht nur Tausende vor dem Hungertod gerettet, sondern auch – was viel wichtiger ist – Hilfe zur Selbsthilfe geleistet.

**Es begann bei „Wetten, daß ..."**

Der einschneidende Rollenwechsel vom beliebten Filmstar der Wirtschaftswunderjahre, der an der Seite von Romy Schneider in drei „Sissi"-Filmen und in vielen anderen Streifen die Herzen der Zuschauer eroberte, begann in einer „Wetten, daß ...?"-Show 1981.

**Damals versprach Böhm in einer Wette, für die Hungernden der Sahel-Zone zu sammeln und die Mittel selbst an Ort und Stelle sinnvoll zu verteilen.**

Ansätze zum sozialen Denken setzte er nunmehr in soziales Engagement und Handeln um. Dabei wurde dem in Darmstadt geborenen Sohn des weltberühmten Dirigenten Karl Böhm Äthiopien zur zweiten Heimat, wo er in Addis Abeba mit seiner jungen Frau Almaz und seinem 1990 geborenen Sohn Nicolas ein kleines Haus bewohnt.

**Hilfe zur Selbsthilfe**

Mit den seither gesammelten Spendengeldern in Höhe von 175 Millionen Mark wurden neben der immer wieder dringend notwendigen Sofort- und Katastrophenhilfe mehrere Projekte finanziert, die es den Menschen ermöglichen, ihr Leben wieder selbst in die Hand zu nehmen und wirtschaftlich unabhängig zu werden.

**Dies könnte jedoch nur erreicht werden durch mittel- und langfristige Schulung, unter Einbezug der traditionellen landwirtschaftlichen Methoden, aber auch durch Ökologieprojekte, die der fortschreitenden Umweltzerstörung durch Rodung und damit verbundener Bodenerosion entgegenwirken, lauten die Grundsätze Böhms.**

Besonders gefreut hat den unkonventionellen Streiter und Kämpfer gegen Hunger und Armut nach eigenen Angaben, daß auch seine Heimatgemeinde Vaterstetten bei München eine Partnerschaft mit einer der ärmsten Gemeinden in Äthiopien anstrebt. Böhm: „Ein Beispiel, das Mut und hoffentlich auch Schule macht." Eine dauerhafte Verbesserung der Situation in der Dritten Welt ist nach seiner Einschätzung jedoch nur dann möglich, wenn sich das Weltwirtschaftssystem total ändert. „Denn", so Böhm, „es muß keinen Hunger in der Welt geben."

# Der Umgang des Menschen mit Natur und Kreatur

**Der kleine häßliche Vogel**

Es war einmal ein kleiner Vogel. Er war häßlich. Noch häßlicher als schmutziger Schnee. Er saß allein auf einem Baum. Der war alt und hatte keine Blätter mehr. In den schönen grünen Baumkronen saßen die anderen Vögel. Und wenn der kleine Vogel zu ihnen wollte, da gab es großes Geschrei. Er war wirklich ein häßlicher Vogel. Selbst die Hunde liefen fort, wenn sie ihn sahen.

So saß er allein auf seinem Baum, und manchmal weinte er und sagte: „Ach, wäre ich doch ein schöner Vogel. Wenn man häßlich ist, ist das Leben häßlich. Und wenn man schön ist, ist das Leben schön. Ach, ich armer, häßlicher kleiner Vogel."

Aber er sagte es ganz leise. Denn niemand wollte ihn hören. Nur nachts, wenn die anderen Vögel schliefen, machte er den Schnabel auf und sang ganz leise, damit er die anderen in ihren Nestern nicht weckte. Und das klang so schön, daß die Gräser unter dem alten Baum sich im Schlaf hin und her wiegten und daß die Sterne die Wolken fortschoben und zu ihm hinabschauten. Der Mond aber jammerte und sagte: „Ach, was für ein Unglück. Warum bin ich gerade jetzt nur halb. Einen so schönen Vogel habe ich noch nie gehört." Und er blieb stehen und wollte gar nicht weiter über den Himmel gehen und sagte immerfort: „Was muß das nur für ein schöner Vogel sein, wenn der so schön singt. Nein, so ein schöner Vogel."

Es war ein alter Mond. Und deswegen sagte er immer dasselbe. Aber der kleine Vogel hörte es gern. Und weil soviel Freude in ihm war, sang er noch schöner. Die beiden verstanden sich ganz gut. Der Mond und der Vogel. Ich glaube, sie liebten sich. Wenn der Mond fortging, wurde der kleine Vogel ganz stumm. So eine Sehnsucht hatte er.

So kam es, daß die Sonne den kleinen Vogel nie hören konnte. Und sie hätte ihn so gern gehört. Denn wenn der Mond ihr für kurze Zeit begegnete, erzählte er, was für einen schönen Vogel er doch gehört hatte. Er erzählte jeden Tag dasselbe. Er war wirklich ein alter Mond.

Die Sonne aber wurde von Tag zu Tag trauriger. „Ach, wäre ich doch keine Sonne", sagte sie. „Ein Mond hat es viel besser." Und wenn sie sich für den Tag schön machte, sah sie in den Spiegel und sagte: „Was nützt mir all die Schönheit, wenn ich das Lied nicht hören kann. Ich werde sterben und habe den kleinen Vogel nicht gehört."

Und weil die Sonne traurig war, war auch der Tag traurig. Er wickelte sich in nassen Nebel und nieselte vor sich hin. Und weil der Tag traurig war, waren auch die Bäume traurig und die Häuser und die Vögel und die Drähte und die Antennen. Es war überhaupt eine traurige Welt.

So konnte es nicht weitergehen. „Flieg durch die Wolken", sagten die Vögel zum Habicht, „und frag die Sonne, was los ist. Schließlich ist Sommer. Und wenn Sommer ist, ist Sommer. Und da hat sie sich daran zu halten. Wie sollen unsere Jungen fliegen lernen, wenn sie solche verrückten Sachen macht. Nein, so was. Was die sich nur denkt?"

Und der Habicht flog durch die Wolken und fragte die Sonne: „Was ist mit dir los? Schließlich ist Sommer. Und wenn Sommer ist, ist Sommer. Wie sollen unsere Jungen fliegen lernen, wenn du solche verrückten Sachen machst?"

„Ach", sagte die Sonne. „Ich habe ein krankes Herz und werde sterben."

„Ja, ja", sagte der Habicht und machte ein trauriges Gesicht. Denn er war ein kluger Habicht und dachte, wenn die Sonne jammert, muß ich mitjammern, das schmeichelt ihr, denn sie ist eine schöne Sonne.

„Wenn ich sterbe, müßt ihr auch sterben", sagte die Sonne.

„Ja, ja", sagte der Habicht. Und sein Gesicht war noch trauriger.

Was für ein dummer Habicht, dachte die Sonne. Dem macht das Sterben nichts aus. „Aber ich will nicht sterben", sagte sie.

„Ich auch nicht", sagte der Habicht, „meine Jungen können noch nicht fliegen."

„Was redest du dann so dummes Zeug", sagte die Sonne.

Und der Habicht sagte: „Ja, ja. Was rede ich nur für dummes Zeug. Entschuldige, ich bin ein dummer Habicht. Lassen wir also das Sterben, und machen wir wieder unsere Arbeit. Mach du den Tag schön, und wir wollen unsere Jungen fliegen lehren."

„Das kann ich nicht", sagte die Sonne. „Mein Herz ist krank und meine Sehnsucht zu groß. Ich muß den kleinen Vogel singen hören. Dann kann ich wieder den Tag schön machen."

„Wenn's weiter nichts ist", sagte der Habicht.

„Ach, wie willst du es wohl besorgen?" sagte die Sonne. „Du kannst ja selbst nicht einmal singen. Alle Mäuse laufen in ihre Löcher, wenn sie dich schreien hören. Wie willst du das wohl besorgen?"

„Laß mich nur machen", sagte der Habicht, „wenn die Erde sich einmal gedreht hat, hörst du den kleinen Vogel singen." Und er flog durch die Wolken zurück und rief alle Vögel, und sie machten eine Versammlung. Auch der kleine Vogel kam. Denn er dachte: Es muß wohl eine wichtige Versammlung sein, wenn sie von überall her kommen, vom Wald und vom Fluß, von den Bergen und vom Meer, vom Feld und vom Sumpfgras. Da darf ich nicht fehlen, bei einer so wichtigen Versammlung. Und er kam und sagte: „Guten Tag."

Aber keiner hörte ihn.

Nur der Pfau spreizte seine Federn und schrie: „Was willst du denn hier, du häßliches Ding? Man wird ja, nein, man wird ja, ganz melancholisch wird man."

„Nun laßt ihn schon", sagte der Habicht, „schließlich ist er ja auch ein Vogel." Und da der Habicht zur Sonne geflogen war und Rat wußte, wie sie wieder zum Leuchten gebracht werden sollte, hörte man auf ihn. Und der kleine Vogel blieb da. Er setzte sich ganz nach hinten unter eine Distel und bedeckte mit den kurzen Flügeln seine Beine, denn er fror auf der kalten Erde.

Der Habicht aber fing an.

„Vögel", rief er, und es wurde ganz still. Man hörte, wie die Blätter aneinander rieben, so still war es. Das gefiel dem Habicht, und er rief gleich noch einmal: „Vögel!" Aber es konnte nicht mehr stiller werden. Den Blättern war es gleich, was er rief. „Die Sonne hat ein krankes Herz", rief der Habicht, „und ihre Sehnsucht ist zu groß. Sie kann erst dann den Tag wieder schön machen, wenn sie den kleinen Vogel hat singen hören."

„Welchen kleinen Vogel?" fragte die Lerche. „Es gibt so viele kleine Vögel."

Der Umgang des Menschen mit Natur und Kreatur

„Ich weiß es auch nicht", antwortete der Habicht. „Wir müssen eben jeden singen lassen."

Und alle kleinen Vögel mußten vortreten und ihr Lied singen. Die Meise sang und der Fink und das Rotkehlchen und der Zaunkönig. Selbst der Spatz mußte vortreten. Aber all diese Lieder kannte die Sonne schon. Ihre Sehnsucht blieb und so auch ihre Traurigkeit. Und der Tag nieselte weiter vor sich hin. Es war wirklich ein trauriger Tag. Nichts wollte helfen. Und die Vögel fingen an, den Habicht zu beschimpfen, weil sie glaubten, er hätte sie betrogen. Ja, der Adler war so zornig, daß er zum Habicht hinflog, ihn packte und ihn töten wollte.

„Töte mich nicht", bat der Habicht. „Es ist alles so, wie ich es gesagt habe. Wenn du mich tötest, ist alles verloren."

Aber der Adler hörte nicht auf das, was der Habicht sagte. Er flog mit ihm auf einen hohen Felsen und wollte den Habicht in das Meer stürzen.

Der Habicht hatte große Angst. „Gib mir die Stunde Zeit bis zum Abend", bat er. „Wenn ich bis dahin den kleinen Vogel nicht gefunden habe, magst du mich töten."

„Gut", sagte der Adler. „Ich gebe dir eine Stunde. Hast du bis dahin den Vogel nicht gefunden, stürze ich dich ins Meer." Und er brachte den Habicht wieder zurück zu den anderen Vögeln.

Der Habicht setzte sich auf einen Stein und dachte nach. Aber sosehr er auch nachdachte, es fiel ihm nichts ein. Seine scharfen Augen gingen noch einmal über alle Vögel hin. Alle hatten sie gesungen, und doch war die Sonne fortgeblieben. Er sah auch den häßlichen kleinen Vogel unter der Distel. Der hatte nicht gesungen. Der kann mir auch nicht helfen, dachte der Habicht, ein Spatz singt schöner als der. Es blieb nur noch wenig Zeit. Der Habicht ließ seine Flügel fallen, senkte den Kopf und wartete auf seinen Tod.

Der kleine Vogel sah, wie der Habicht dasaß, und es wollte ihm das Herz abdrücken.

Der Schmerz des Habichts bereitete auch ihm Schmerz. Er flog unter seiner Distel hervor und setzte sich zum Habicht auf den Stein. „Sei nicht traurig", sagte er.

„Wie soll ich nicht traurig sein", sagte der Habicht. „Ich habe den kleinen Vogel nicht gefunden, der die Sonne zum Leuchten bringt. Und in wenigen Minuten wird mich der Adler ins Meer stürzen."

„Wie kann ich dir helfen?" fragte der kleine Vogel.

„Es kann mir keiner mehr helfen", antwortete der Habicht. „Alle Vögel haben schon gesungen, und ich weiß keinen Ausweg mehr."

„Ich habe noch nicht gesungen", sagte der kleine Vogel.

„Ach du", sagte der Habicht. „Was willst du schon singen? Du bist so häßlich, wie kannst du da die Sonne zum Leuchten bringen?"

„Laß es mich versuchen", sagte der kleine Vogel.

Ich muß so und so sterben, dachte der Habicht. Also soll er singen.

Und der kleine Vogel saß auf dem Stein neben dem Habicht und sang. So schön sang er, daß sich die Wolken zerteilten und die Sonne auf die Welt schien. Das Gras hörte auf, sich zu wiegen, und die Blätter hörten auf, sich aneinander zu reiben.

Alle Vögel saßen da und hielten den Kopf zur Seite.

Der Habicht mußte weinen. So glücklich war er, und er schämte sich wohl auch. Noch glücklicher aber war der kleine, häßliche Vogel. Er war wirklich ein häßlicher Vogel.

*Werner Heiduczek*

– *Welche Rolle spielt der kleine Vogel am Anfang der Geschichte?*

– *Wie beurteilt ihr das Verhalten der anderen Tiere?*

– *Weshalb verändern sie ihr Verhalten gegenüber dem kleinen Vogel?*

– *Vervollständigt folgenden Satz: „Die Geschichte vom kleinen häßlichen Vogel zeigt uns, daß .............."*

# Natur als Lebensraum für Pflanze, Tier und Mensch

### Der Wald als Biozönose

Als Biozönose bezeichnet man eine Lebensgemeinschaft. In dieser Lebensgemeinschaft sind die Lebewesen (Tiere und Pflanzen), die darin leben, voneinander abhängig; so bilden z. B. alle Tiere und Pflanzen eines Waldes eine Lebensgemeinschaft. Die Abhängigkeit voneinander kann man gut am Beispiel der Ernährung erkennen.

### Eine Nahrungskette im Wald

Kiefernnadeln ➜ Raupe des Kiefernspanners ➜ Kohlmeise ➜ Sperber

### Gleichgewicht

Rehe ernähren sich von Pflanzen im Wald, von frischen Trieben an jungen Bäumen, von Kräutern und Gras. Früher waren die Rehe Beute für Räuber wie Luchs, Wolf und Braunbär. Verringerte sich die Zahl der Beutetiere, konnten die Räuber auch nicht mehr so viele Junge aufziehen. Waren nicht mehr so viel Räuber da, konnten sich die Rehe wieder vermehren. So hielten sich die Tiere zahlenmäßig in einem Gleichgewicht. Ein solches Gleichgewicht herrscht auch zwischen Kiefernspanner und Kohlmeise, zwischen Kohlmeise und Sperber – wenn der Mensch nicht eingreift.

### Das gestörte Gleichgewicht

Zurück zum Reh: Durch den Menschen wurde der Braunbär 1835 in Deutschland ausgerottet, der Wolf 1888, und auch der Luchs war am Aussterben. So haben also die Rehe heute keine natürlichen Feinde mehr: der Rehbestand nimmt ständig zu!
Der Wald kann sich nicht mehr natürlich verjüngen, da die jungen Bäume und Sträucher „verbissen" werden, weshalb z. B. Aufforstungsgebiete eingezäunt werden müssen, und die Jäger müssen jährlich einige hunderttausend Rehe erlegen, damit sich der Bestand nicht weiter stark erhöht.

## „Naturgemäße Waldwirtschaft" – die „Wende im Wald"

Förster haben heute bei ihrer Arbeit im Wald als Ziel, daß Bäume jeden Alters nebeneinander stehen, Laub- und Nadelbäume gemischt. Chemische Mittel gegen Unkraut und eine Ernte durch Kahlschlag lehnen sie ab. Statt dessen werden schonend einzelne Bäume entnommen, die ältesten und dicksten. So bleibt der Wald immer im ökologischen Gleichgewicht. Von einem Urwald unterscheidet er sich dadurch, daß er bewirtschaftet wird. Diese neue, intelligentere Form des Forstens ist auf dem Siegeszug durch Deutschland. Experten sprechen begeistert von einer „Wende im Wald".

– *Weshalb wollen die Förster einen gemischten Wald?*

– *Weshalb lehnen sie chemische Mittel und Kahlschlag ab?*

### *Revierleiterin Anne Merg-Thomas*

„Abhacken und neupflanzen, das kann jeder", sagt Anne Merg-Thomas. Sie zählt sich zu einer neuen Generation von Förstern – jung, gut ausgebildet und geprägt von ökologischen Gedanken.
  Welcher Baum darf weiterwachsen?
  Welcher muß fallen? Das sind die entscheidenden Fragen. Die Försterin muß in die Zukunft sehen können. Hat diese Buche Chancen, eines Tages mächtig und damit wertvoll zu werden, dann muß jene Nachbarin weichen, die ihr Licht nimmt. Der Unterschied zum herkömmlichen Waldbau liegt auf der Hand: Wer Kahlschläge liebt, braucht lediglich scharfe Sägen; wer naturgemäß wirtschaftet, braucht einen scharfen Blick. Den Baum-Blick.

Auf einer Lichtung hat sich dichtes Gestrüpp aus Brombeersträuchern breitgemacht. „Nach üblichem Berufsverständnis ist das hier eine Sünde", lacht Anne Merg-Thomas, „da fragt sich mancher, der vorbeikommt: Ist die Försterin zu faul?" Abrasieren, Chemieeinsatz, aufforsten – das wäre normal gewesen. Die Försterin bereut nicht, ein paar Jahre gewartet zu haben. Sie zeigt auf einzelne junge Buchen am Rande des Gestrüpps. „Die werden die Brombeeren sozusagen in den Schatten stellen und dadurch verdrängen. Aber das dauert eben."

Doch das Volk fordert die Axt im Walde. Beim Bürgermeister melden sich hin und wieder Anrufer und schwärzen die „Förstersche" an: Sie habe vergessen, einen toten Baum zu fällen, der stehe nun sinnlos im Wald herum! Dann muß sie erklären, es handle sich dabei um ihr Programm für sozialen Wohnungsbau. In den morschen Stämmen siedeln selten gewordene Tierarten wie Eulen und Spechte.

Nicht nur Vögel profitieren vom schonenden Umgang mit dem Wald. Naturgemäß bewirtschaftet, liefert er sauberes Trinkwasser und filtert Luft besser als sein künstliches Gegenstück, in dem alle Bäume gleich alt sind. „Außerdem", sagt Anne Merg-Thomas und denkt dabei an Spaziergänger, „ist mein Wald einfach schön."

Die Försterin folgt nicht etwa einem vorübergehenden Modetrend. Konzepte für naturgemäßen Waldbau gibt es schon seit der Jahrhundertwende. Sie waren jedoch in Vergessenheit geraten. Industrielles Denken hatte die Förster angesteckt und sie glauben gemacht, mit Hilfe der richtigen Technik würden sie die Natur schon auf Höchstleistungen trimmen. In ihrer Gier nach möglichst viel Holz sahen sie vor lauter Bäumen schließlich den Wald nicht mehr.

*Natur 2/93*

- *Sucht im Wald oder in Gärten nach Baumstämmen! Welches Leben herrscht darin?*

- *Nehmt Kontakt mit einem Förster oder einer Försterin auf! Fragt sie, worin sie ihre wichtigsten Aufgaben sehen!*

- *Wie habt ihr euch im Wald gefühlt? Was habt ihr alles gesehen? Welche Tiere sind abgehauen, als sie euch hörten?*

- *Überlegt euch: Wozu brauchen wir den Wald?*
  *Wozu braucht der Wald uns?*

## Alte Baumstümpfe beherbergen nützliche Untermieter

*Lassen Sie Stümpfe ruhig im Boden sterben. Sie vermodern und bilden einen kleinen Kosmos.*

Von Claudia und Reinold Fischer

Millionen Lebewesen im Garten bekommen wir nie oder nur durch Zufall zu Gesicht. Sie hausen im hohlen Apfelbaum, in den modernen Stubben von Hauszwetschge und Mostbirne, in einem Haufen aus Baumschnitt, in rissigen Bohnenstangen. Bescheidene Lebensräume, aber sie bereichern den Garten mit Mikroorganismen, Käfern, Spinnen, Larven, Wildbienen und Hummeln, ebenso mit Singvögeln, Kröten und Igeln, die sich von den winzigen Krabbeltieren ernähren. Kein Nistkasten kann so viel für den Schutz und die Hege von Singvögeln bewirken wie ein Haufen Reisig oder ein alter Baumstumpf als Bindeglied zwischen Leben und Tod oder als Kinderstube und Jagdrevier auf Zeit.

Als der Sturm den letzten Ast von der morschen Birne fetzte und die uralte Hauszwetschge umknickte, mußte die Kettensäge den Rest besorgen. Die Stubben in der Streuobstwiese sind zwei ärgerliche Stolpersteine für Kreiselmähwerke. Ausgraben, mit dem Traktor herausreißen, sprengen – wir lehnten solche Ratschläge ab. Zwei solide Pfähle markierten den Platz für den Mäher. Die Stubben durften bleiben.

Nacktschnecken und Rollasseln zogen als erste Bewohner ein. Die feuchten Höhlungen unter der Rinde lockten sie an. Asseln atmen mit Kiemen, ihre Atemorgane müssen immer mit einem feinen Wasserfilm überzogen sein. Ein Relikt der urzeitlichen Herkunft dieser Krebse aus dem Meer.

Den ersten Untermietern im Baumstumpf folgen die Räuber: die Spinne *Dysdera crocata* etwa, ein flinkes Tier mit spitzem Hinterleib, das nichts lieber frißt als Asseln. Oder der Weberknecht, der eine Vorliebe für Schneckeneier hat. Hundertfüßer wuseln unter der Rinde, auch sie sind hungrige Asselfresser.

Im alten Baumstumpf ruht ein Schatz an Nährstoffen. Spezialisten knacken diesen Tresor, und andere bedienen sich danach. Solche Holzknacker sind neben den Asseln vor allem die Holzkäfer. Der Sägebock ist einer dieser Spezialisten für Stubben. Vier Jahre lang nagen sich seine Larven durch das Holz, bis sie sich tief in den Wurzeln verpuppen. Wespen und Hornissen sägen winzige Partikel vom weicher werdenden Holz, vermischen sie mit Speichelsekret und bauen graue, papierdünne Waben daraus.

Der Baumstumpf hat jetzt lauter Risse und Löcher, das Holz ist feucht und zunehmend morsch. Ameisen sind eingewandert, weißes Pilzgeflecht, das Myzel, durchzieht das Holz. Der Grünblättrige Schwefelkopf etwa, der Hallimasch oder die Schmetterlings-Tramete, deren Fruchtkörper aussehen wie exotische gewellte Muscheln. In die Löcher und Gänge der Holzkäfer sind Wildbienen und Ohrwürmer gezogen, ihnen folgen Schlupfwespen, deren Brut von Insekteneiern lebt.

Unter dem Stubben entstand ein großes Loch, gefüllt mit weichem Mulm. Es dient einer Erdkröte als Lieblingsplatz, die nachts im Gemüsegarten spazierengeht und mit ihrer klebrigen Zunge Hunderte von Insekten fängt. Dicke Kissen aus Lebermoosen überziehen den langsam flacher werdenden Baumstumpf mit grünen Polstern. Am Ende ist er ganz verschwunden. Vom harten Holz bleibt nicht mehr als ein dunkler Fleck humoser Erde.

*Natur 8/92*

## Gefunden

Ich ging im Walde
So für mich hin,
Und nichts zu suchen,
Das war mein Sinn.

Im Schatten sah ich
Ein Blümchen stehn,
Wie Sterne leuchtend,
Wie Äuglein schön.

Ich wollt' es brechen,
Da sagt' es fein:
Soll ich zum Welken
Gebrochen sein?

Ich grub's mit allen
Den Würzlein aus,
Zum Garten trug ich's
Am hübschen Haus.

Und pflanzt es wieder
Am stillen Ort;
Nun zweigt es immer
Und blüht so fort.

*J.-W. von Goethe*

## Die Aufgaben des Waldes

### Schutzfunktionen

**Boden:**
- Abtragung, Erdrutsche, Vernässung, Uferschutz, Steinschlag
- Humusschwund, Bodenverwehung, Geländestabilisierung

**Wasserhaushalt und Schnee:**
- Hochwasservorbeugung
- gleichmäßige Lieferung von Wasser in ausreichender Qualität (Trinkwasserbereitstellung)
- Schneespeicherung und Verzögerung der Schneeschmelze

**Klima:**
- Minderung von Klimaextremen
- Verringerung der Luftbewegung

**Durch den Menschen verursachte Belastungen:**
- Schadstoffaufnahme
- Lärm, Sicht

**Naturschutz:**
- Biotop- und Artenschutz
- Naturschutzgebiete, Naturparks, Waldreservat
- Beispiele für Forschung und Lehre

### Erholungs- und Landschaftsfunktion
- natürlicher Erholungsraum im Sommer und Winter
- Wald als Voraussetzung für Tourismus
- Element der Landschaftsgliederung
- Ökologisch-biologische Stabilisierung der Landschaft

### Nutzfunktion
- Rohstoffversorgung, -reserven
- Arbeits- und Erwerbsfunktion (Arbeitsplätze)
- Einkommensquelle für Waldbesitzer
- Jagd und Nebennutzung
- Landreserve

### Waldbau als Naturschutzaufgabe, Arten- und Biotopschutz
- Erhöhung des Alt- und Totholzanteils
- Ökologische Nischen, spezielle Lebensräume, Waldrandgestaltung, Kleinbiotope (Feuchtstellen, Rohbodenaufschlüsse)
- Spezielle Artenschutzmaßnahmen (z. B. Pilze, Vögel, Ameisen)

### Lösung der Wildfrage
- Naturnahe Waldbewirtschaftung und Schutzwaldpflege ist nur möglich, wenn die unnatürlich hohen Schalenwildbestände nachhaltig und konsequent reduziert werden
- Die Baumarten der natürlichen Waldgesellschaften müssen sich auch ohne Schutzmaßnahmen natürlich verjüngen lassen
- Maßgebend für die Abschußzahlen ist der Zustand von Vegetation und Verjüngung

Natur als Lebensraum für Pflanze, Tier und Mensch

Natur als Lebensraum für Pflanze, Tier und Mensch

## Die Bedeutung des Wassers in seinen verschiedenen Erscheinungsformen

– *Welche Bedeutung hat dieser Teich für die Menschen?*

– *Welches Leben spielt sich in diesem Teich ab?*

– *Weshalb werden in vielen Schulen Teiche angelegt?*

– *Überlegt euch, ob ihr nicht auch gemeinsam einen Schulteich ‚bauen‘ könnt!*

## Wassernutzung

Wasser ist an allen Stoffwechselvorgängen beteiligt. Es ist Grundlage für das Wachstum aller Lebewesen, der Menschen, Tiere und Pflanzen. Vom Menschen wird Wasser unmittelbar und mittelbar auf vielfache Art genutzt:
– Als Trinkwasser und zur Nahrungszubereitung
– für die Hygiene und als Lösungsmittel
– als Brauchwasser für Industrie, Gewerbe und Landwirtschaft
– zur Produktion und Verarbeitung von Nahrungsmitteln
– als Transportmittel
– als „Vorfluter" für die Abläufe von Kläranlagen
– als Kühlwasser für den Betrieb von Kraftwerken
– zur Energiegewinnung
– für Erholung und Freizeit
– als Landschaftselement

– *Welche Bedeutung haben Flüsse für das Stadtbild und die Freizeit?*

**Verwendung des Trinkwassers im Haushalt**

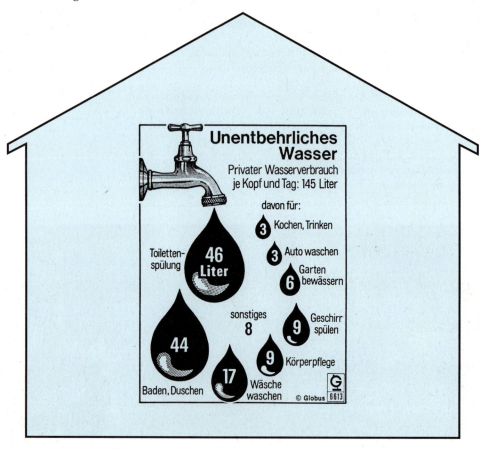

– Welcher Verbrauch fällt besonders auf?

– Wo können wir den Verbrauch durch Einschränkung senken?

– Wo müssen wir technische Neuerungen vornehmen, um weniger Wasser zu verbrauchen?

**Wasserkreisläufe**

Drei Viertel der Erdoberfläche sind mit Wasser bedeckt. Durch Sonnenenergie ist das Wasser einem ständigen Kreislauf unterworfen. Es verdunstet an der Oberfläche der Meere und Kontinente. Der aufsteigende Wasserdampf kühlt sich in der Höhe ab und kondensiert zu Wolken. Bei weiterer Abkühlung geben diese ihre Feuchtigkeit als Niederschlag ab. In Mitteleuropa fallen in jedem Jahr über 800 mm Niederschlag – also über 800 l/m$^2$. Über die Hälfte davon verdunstet an Ort und Stelle wieder, der Rest fließt über die Oberflächengewässer oder das Grundwasser dem Meer zu.

## Vereinfachtes Schema des Wasserkreislaufes

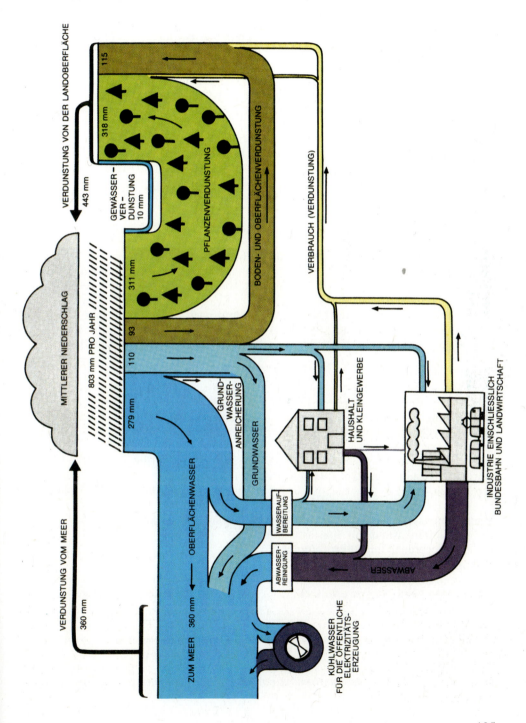

## Einsparungen, die sich gewaschen haben

| Die Situation[1] | Der Durchschnitt |
|---|---|
| Durch jeden Wasserhahn fließen jährlich pro Person (bei einem Wasserdruck von zwei bar) 4,4 Kubikmeter Wasser. Ein Kubikmeter Wasser kostet 4 Mark. | Bilanz bei einer Familie:<br>Vier Personen × fünf Wasserhähne<br>× 4,4 Kubikmeter<br>× 4 Mark = 352 Mark |
| Sparmaßnahme: Mit einem Durchflußbegrenzer läßt sich der Verbrauch pro Wasserhahn um 35 Prozent senken. | Bilanz nach Einbau von Durchflußbegrenzern:<br>Vier Personen × fünf Wasserhähne<br>× 2,9 Kubikmeter<br>× 4 Mark = 232 Mark<br>**Gespart: 120 Mark** |
| Ein Duschbad kostet (Wasser und Wärme) rund 0,50 Mark. | Bilanz einer Familie:<br>Vier Personen × 360 Duschbäder<br>× 0,50 Mark = 720 Mark |
| Sparmaßnahme: Durch den Einbau eines Einhebelmischers mit Thermostat lassen sich die Kosten auf 0,35 Mark senken. | Bilanz nach dem Einbau eines Einhebelmischers mit Thermostat:<br>Vier Personen × 360 Duschbäder<br>× 0,35 Mark = 504 Mark<br>**Gespart: 216 Mark** |
| Durch einen normalen Toilettenspülkasten fließen jährlich 22 Kubikmeter Wasser pro Person. Das bedeutet bei einem Kubikmeterpreis von 4 Mark jährliche Kosten von 22 × 4 = 88 Mark pro Person. | Bilanz bei einer Familie:<br>Vier Personen × 88 Mark = 352 Mark<br>Bilanz nach dem Einbau des Sparkastens:<br>Vier Personen × 36 Mark = 144 Mark |
| Sparmaßnahme: Durch den Einbau eines Toilettenkastens mit Spartaste läßt sich der Verbrauch um 60 Prozent auf 36 Mark pro Person senken. | **Gespart: 208 Mark** |
| **Sparbilanz beim Wasserverbrauch** | **Ersparnis Durchschnittsfamilie:<br>544 Mark** |

[1] Wasserpreis: Bundesdurchschnitt (nicht selten bis 6 Mark) für einen Kubikmeter Frisch- plus Abwasser.

– *Diskutiert in eurer Klasse und mit euren Eltern Möglichkeiten zur Einsparung von Energie und Wasser!*

Natur als Lebensraum für Pflanze, Tier und Mensch

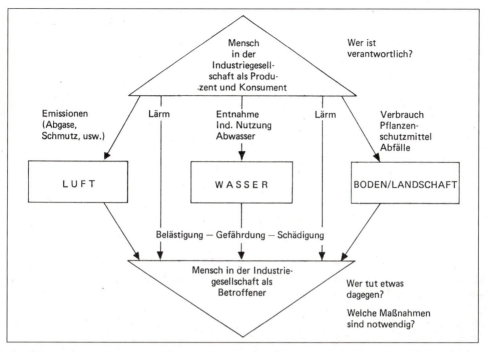

Grafik nach: Politik und Unterricht, hrsg. von der Landeszentrale für politische Bildung Baden-Württemberg, Nr. 4/1981: „Umweltpolitik", S. 7

# Die Feldflur als offener Lebensraum

**Von der Natur zur Kultur**

*Stummer Frühling*

Auch Bauer Herzer macht sich Gedanken über die Klimaveränderungen und den sorglosen Umgang mit der Natur, der überall festgestellt werden kann. Schleife um Schleife zieht er mit seinem Traktor über den weiten Ackerschlag, den die Ingenieure von der Flurbereinigung Ende der sechziger Jahre geschaffen haben. Der abgetrocknete, feinkrümelige Boden läßt sich sehr gut mit der breiten Egge bearbeiten. Während der Landwirt mit dem Schlepper seine Linien zieht, steigt am Ende des langen Ackers eine Feldlerche auf. Mit typischem Gesang markieren die Feldlerchenmännchen ihr Revier. Der Bauer sieht die Lerche ebenso wie die Kette der Rebhühner am Horizont. Er kann aber die Tiere des Feldes nicht hören: Sein Traktor ist viel zu laut. Eigentlich hat er die Lerchen bei der Arbeit auf dem Feld schon lange nicht mehr gehört, doch noch nie ist ihm dies so bewußt geworden wie heute. Plötzlich schaltet er den Dieselmotor des schweren Fahrzeugs ab, klettert behende aus der Fahrzeugkabine und setzt sich mit seinem Sohn, der an diesem Ferientag mit aufs Feld gefahren ist, an den Wegesrand. Als wäre es zum ersten Mal, hört Bauer Herzer dem Gesang der Feldlerchen zu. Und er erinnert sich, daß es früher, als er als Kind den Vater mit dem Pferdegespann auf das Feld begleitete, viel mehr Lerchen gab. „Überall in der weiten Ackerflur waren singende Feldlerchen zu hören", erzählt er seinem kleinen Tobias.

Die Zeiten aber, als „im Märzen der Bauer die Rößlein einspannt", sind längst vorbei. Heute schwingen sich im März die Landwirte auf ihre 100 PS starken Trakto-

ren. Eine Landwirtschaftspolitik, die beinahe überall in Europa einseitig auf Ertragssteigerung abzielte und ökologische Gesetzmäßigkeiten mißachtete, hat im Laufe der Jahre die Bauern in die unfreiwillige Rolle von Agrarproduzenten gezwängt.

Durch die immer intensivere Landwirtschaft verlieren die Bauern zunehmend den direkten Bezug zur Natur – einer Natur, die inzwischen überall den Rückzug aus der einst mannigfaltigen Kulturlandschaft angetreten hat.

**Wunderwelt Acker und Feld – wie lange noch?**

Mit dem 250 PS starken Traktor fährt Jan Kottmann gerade seinen landwirtschaftlichen Betrieb an. Es ist längst kein bäuerlicher Hof mehr. Es fällt sofort auf, daß hier alles penibel aufgeräumt ist. Nirgendwo erblickt man freilaufende Hühner, Stallhasen oder gar einen Misthaufen. Es riecht kaum nach Landwirtschaft. Das ganze Anwesen ähnelt eher einem industriellen Betrieb. Und so sind auch mehr als 2000 Schweine eng zusammengepfercht in gekachelten Hallen untergebracht. Jan Kottmann besitzt eine moderne Agrarfabrik und hat sich auf Maisanbau wie auch Schweinezucht spezialisiert. Die scheinbaren Triumphe der Tier- und Pflanzenzüchter haben ihm ebenso wie die EG-Subventionen und die Flurbereiniger den Weg geebnet, um den früher traditionellen Hof völlig umzugestalten. Die Schweine werden mit Kraftfutter gemästet, das zum Teil nicht mehr auf den Feldern des eigenen Betriebes erzeugt wird. Sojamehl wird mit großen Lastzügen angefahren und stammt vorwiegend aus Nordamerika oder Afrika, wo bei letzterem das proteinreiche Soja eigentlich dringend gebraucht wird. Auch die Rinder des ebenfalls großen Betriebes in der Nachbarschaft haben längst keine Namen mehr, sondern nur noch Nummern an ihren Boxen.

## Die Feldflur als offener Lebensraum

Die Flur, die Jan Kottmann bewirtschaftet, wirkt ebenso aufgeräumt wie der Hof. Kottmann hat den Feldfruchtwechsel aufgegeben und baut auf seinen flurbereinigten Monokulturen fast ausschließlich Mais an. Der Drang, mit neuen Methoden die Ernteerträge zu steigern, ist wie bei vielen anderen Bauern zum Zwang geworden, immer mehr Chemie auf den Äckern zu verteilen.

Einer Untersuchung des Berliner Ökologen Herbert Sukopp zufolge trägt die intensive Landwirtschaft mit Abstand am meisten zum Rückgang der Wildpflanzen bei, mehr als Straßenbauer und andere Landnutzer. Nitrat* und Pestizide* im Grundwasser, Chemikalienrückstände in Fleisch und Salat oder Bodenerosionen in großem Ausmaß sind warnende Anzeichen einer gefährlichen Entwicklung. Nun ist der einzelne Landwirt im Grunde nicht Verursacher, sondern Opfer dieser Krise, die ausschließlich von Menschen herbeigeführt wurde.

Appelle, die Natur zu schonen, nützen dabei nichts. Was bringt es schon einem Bauern, der sich redlich müht, seine Familie durchzubringen, wenn umweltbewußte Städter mit dicken Autos vorfahren, mit teuren Videokameras ungetrübte ländliche Idylle festhalten wollen und viel von Ökologie reden, aber nicht bereit sind, für umweltfreundlichere Produkte auch höhere Preise zu bezahlen. Statt zu akzeptieren, daß Eier von freilaufenden, glücklichen Hühnern eben mehr kosten als die von zu Legemaschinen herabgesetzten Geschöpfen, die man in enge, stapelbare Drahtkäfige zwängt, kauft man lieber ein neues Surfbrett, einen neuen CD-Player und im nächsten Winter das nächste Paar Skier.

– *Welche Veränderungen in der Landwirtschaft werden beschrieben?*

– *Wie erlebt der Bauer die Natur?*

– *Welche Vorteile, welche Nachteile hat offensichtlich die moderne Landwirtschaft?*

– *Welche Vorwürfe werden an die Städter erhoben? Was meint ihr dazu? Was ist für euch wichtig, wenn ihr über die Landwirtschaft urteilt? (letzten Satz beachten!)*

– *Wann ward ihr das letzte Mal auf einem Feld? Was habt ihr dabei gesehen und erlebt?*

Die Feldflur als offener Lebensraum

**Ein Vorschlag**

Plant einen Ausflug oder einen Wandertag durch nahegelegene Felder und auch Wälder! Dabei könnt ihr Pflanzen anschauen, vielleicht fotografieren oder malen. Achtet auch darauf, welche Tiere ihr antreffen könnt. Vielleicht ist es euch auch möglich, mit Bauern oder Landarbeitern darüber zu sprechen, was sich in den letzten Jahren in der Landwirtschaft verändert hat – durch Eingriffe des Menschen.

**Anregung zur Bildbetrachtung**

Wie wirken die Bilder auf euch? Wie hat der Mensch in die Natur eingegriffen? Welchen Zweck verfolgte er wohl dabei? Wo gibt es Gebiete, die noch unberührt sind?

## Die Feldflur als offener Lebensraum

### Ökologische Landwirtschaft

Auf unseren Wochenmärkten wird immer mehr Obst und Gemüse aus „biologischem Anbau" verkauft. Es handelt sich dabei um Früchte von Pflanzen, die ausschließlich organisch gedüngt worden sind. Diese Früchte sind teurer, da die organische Düngung (bei eigener Kompostherstellung) arbeitsaufwendiger ist. Beispiel: Der rund 60 ha große Eichwaldhof in Griesheim bei Darmstadt / Hessen wird seit über 25 Jahren nach der biologisch-dynamischen Landbaumethode bewirtschaftet. Viehzucht und Ackerbau sind in einem geschlossenen Wirtschaftskreislauf miteinander verbunden. Mineraldünger wird nicht eingesetzt, dafür wird Mist auf das Ackerland gestreut. Es wird eine abwechslungsreiche Fruchtfolge (Siebenfelderwirtschaft) betrieben, die eine einseitige Ausnutzung des Bodens verhindert und Unkräuter in Grenzen hält. Die Erträge liegen bei Hackfrüchten in gleicher Höhe wie beim herkömmlichen Landbau, bei Getreide um 10 Prozent niedriger.

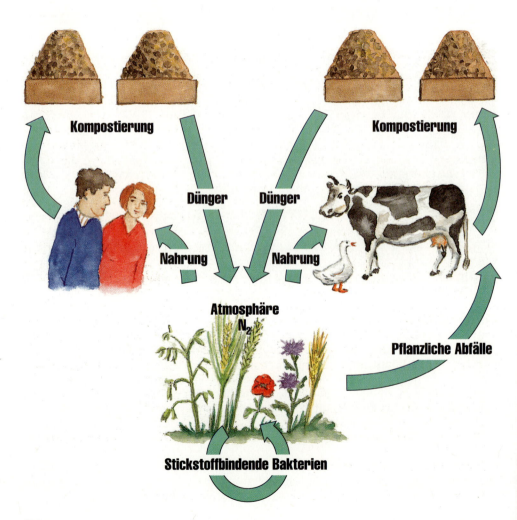

# Eingriff des Menschen in die Natur

### Übergang von der Natur zur Kulturlandschaft am Beispiel Mittelalter

„Die Landschaft Mitteleuropas hatte in der Zeit vom 11. bis 13. Jahrhundert ein entschieden anderes Aussehen als heute. Jeder Beschreibung ist vorauszuschicken, daß den Menschen damaliger Tage die Natureuphorie* unserer Zeit, des Natur- und Umweltschutzes, fremd war. Wohl nährte man sich von der Natur, und als Quelle lebensnotwendiger Produkte mußte sie geschützt werden, aber der Wald, der Rodungen wieder überwucherte, das Wasser, das sich fast ungehemmt seinen Lauf suchen konnte, die Witterung, die über Erntefülle und Hungerertrag entschied, diese Erlebnisse gaben der Natur zugleich etwas Unheimliches, etwas Unbeherrschbares."

*Horst Fuhrmann*

### Überlegte und fördernde Eingriffe

„Die Mönche müssen ausgiebig über die Geschichte vom Garten Eden* nachgedacht haben, denn sie machten es sich zur Aufgabe, wieder einen solchen Garten auf Erden zu schaffen. Sie legten Weinberge und Obstpflanzungen, Blumen- und Kräutergärten an, hielten große Schafherden, die die Weiden auf ihren Gütern abgrasten, holzten einen Teil der Wälder ab und verwendeten das Holz für ihre großartigen Gebäude – Gebäude, die sie zum Ruhme Gottes errichteten –, rodeten das Land, pflügten und bepflanzten es und säten Weizen. Sie haben die Fruchtbarkeit und den Ertragsreichtum des Landes in großem Maße gesteigert. [...]

Sicher weist alles, was uns aus der Blütezeit der Klöster überliefert ist, darauf hin, daß diese Menschen in Harmonie mit der übrigen Natur lebten und daß die Mönche und Nonnen, ungeachtet dessen, was die Heilige Schrift ihnen auftrug, sich selbst ebenfalls als Teil der Natur betrachteten. Sogar ihre Gebäude wurden unmittelbar von der Natur beeinflußt: die Spitzbogen und Gewölbe waren den Bogen und Gewölben der Bäume im Wald nachempfunden; die Pfeiler und Säulen verzierte man mit Blattmustern.

Wahrscheinlich hatte der Mensch nie ein positiveres und wohlwollenderes Verhältnis zur übrigen Natur als in der großen Zeit der Zisterzienserklöster*. Es war nicht einfach ein Verhältnis des Laisser-faire* wie im Steinzeitalter, sondern die Mönche griffen überlegt und fördernd in die Natur ein."

*John Seymour*

- *Wie ging der Mensch im Mittelalter mit der Natur um?*

- *Worin zeigte sich besonders, daß es sich um ein harmonisches Verhältnis handelte?*

- *Inwiefern war der Mensch von der Natur abhängig?*

- *Warum fällt uns dieser Umgang mit der Natur heute so schwer?*

# Eingriff des Menschen in die Natur

## Besiedlung

1. Im ersten Jahr rodet der Neusiedler ein Stück Wald und baut sich eine Blockhütte.

2. Nach einigen Jahren ist eine größere Fläche gerodet, der Boden wird bebaut, Kühe und Schweine sind vorhanden.

3. Die Farm beginnt ertragreich zu werden: Ein geräumiges zweigeschossiges Holzhaus, Wirtschaftsgebäude, Obst- und Gemüsegarten sowie bestellte Felder und geerntetes Heu zeugen davon.

4. Schließlich ist der Wald ganz verschwunden, weit und breit ist jedes Stück Boden landwirtschaftlich genutzt, und der Farmer hat sich ein prächtiges Haus gebaut.

– *Versucht, eine Geschichte zu jedem Bild zu erzählen! (z. B.: Weshalb sind die Leute in den Wald gezogen? Wie haben sie jeweils gelebt? Weswegen haben sie sich ständig ausgebreitet? Welche Ziele haben sie offensichtlich für ihr Leben gehabt? ...)*

– *Wie beurteilt ihr die Handlungsweise dieser Menschen?*

– *Inwiefern bedeutet diese Form der Besiedlung auch einen Eingriff in den Naturkreislauf?*

Eingriff des Menschen in die Natur

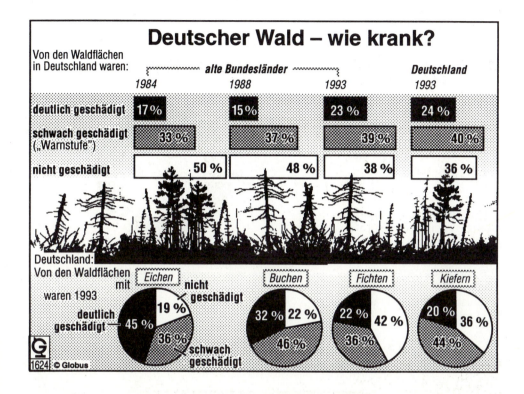

### Jeder vierte Baum ist krank

In den deutschen Wäldern ist fast ein Viertel der Bäume deutlich geschädigt, das heißt sie weisen einen Nadel- bzw. Blattverlust von über 25 Prozent auf. Dies geht aus der jüngsten Waldschadenserhebung hervor. Betrachtet man die Entwicklung in Gesamtdeutschland, so ist in diesem Jahr eine leichte Besserung zu verzeichnen. Dies ist vor allem auf die Entwicklung in den ostdeutschen Ländern zurückzuführen: Während hier im Jahr 1992 noch 34 Prozent der Bäume deutlich geschädigt waren, sind es in diesem Jahr nur noch 29 Prozent. Die Situation der Laubbäume hat sich 1993 weiter verschlechtert. Inzwischen ist jede dritte Buche und jede zweite Eiche deutlich geschädigt. Verbesserungen gibt es dagegen bei den Nadelbäumen: Hier hat der Anteil deutlicher Schäden auch 1993 weiter abgenommen.

Globus

*Statistische Angaben: Bundesministerium für Ernährung, Landwirtschaft und Forsten*

# Eingriff des Menschen in die Natur

## Ist unser Erzgebirgswald noch zu retten?

Schwefeldioxid* wird zum größten Teil von der Industrie und den Kohlekraftwerken abgegeben. Der Anteil des Schwefeldioxids durch die Beheizung von Häusern (Hausbrand) ist besonders in den Herbst- und Wintermonaten wesentlich.

Die Stickoxide* kommen dagegen in erster Linie, d. h. zu zwei Dritteln, aus dem Autoverkehr. Das andere Drittel des Stickoxide-Ausstoßes* verursachen Industrie und Kraftwerke.

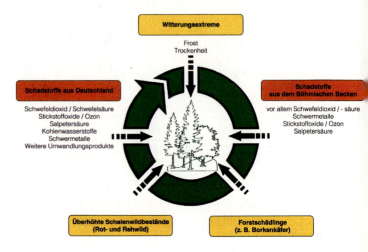

## Wo der Wald stirbt - verliert der Mensch.

Sächsischer Industriegürtel

(** siehe Seite 141)

Eingriff des Menschen in die Natur

Die seit Jahrzehnten andauernde Luftverschmutzung hat die natürlichen Kreisläufe im Erzgebirgswald und in Wäldern anderer Regionen nachhaltig gestört. Eine drastische, grenzüberschreitende Verringerung der Schadstoff-Emissionen aus Industrie, Verkehr und Haushalt ist darum oberstes Gebot.

Übrigens trägt Energiesparen (keine Verbrennung – kein $CO_2$) auch zur Begrenzung des Treibhauseffektes* bei.

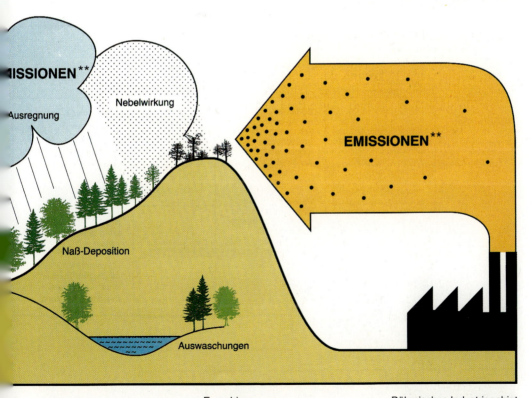

137

## Auswirkungen der Wassernutzung

### Die Elbe – Prüfstein europäischer Umweltpolitik

In unserer jüngsten Vergangenheit war die Elbe ein Schicksalsstrom besonderer Art zwischen Ost und West. Nach der Wende hat der Fluß diese Bedeutung, wenn auch in ganz anderer Art, nicht verloren:

Die Elbe ist zum Prüfstein für die Zusammenarbeit der Umweltpolitik in Europa geworden.

Für den Freistaat Sachsen hat die Sanierung der Elbe und ihrer Nebenflüsse höchsten politischen Vorrang, ja, ist sogar lebenswichtig. Etwa eine Million der Einwohner Sachsens erhalten aus dem Uferfiltrat* der Elbe gewonnenes Wasser. Allein daraus wird schon deutlich, weshalb die Elbe-Sanierung zum Hauptfeld der sächsischen Gewässerschutzpolitik erklärt wurde.

Das wiedervereinigte Deutschland hat schon im Oktober 1990 seinen ersten internationalen Vertrag mit den Partnern Tschechoslowakei und Europäische Gemeinschaft zur Schaffung der Internationalen Kommission zum Schutz der Elbe (IKSE) geschlossen. Damit wurde dem hohen Anspruch der Freiheit – nämlich der Verantwortung – zunächst einmal entsprochen.

Der Freistaat Sachsen ist in starkem Maße von seinem Oberlieger, der CSFR, abhängig. Was der Elbe und ihren Nebenflüssen Moldau und Eger und ihren Einzugsgebieten auf ihren langen Wegen durch das Böhmische Becken und seinen Randgebirgen aufgeladen und zugemutet wird, bringt der Strom als problemhafte Fracht durch das Landschaftsschutzgebiet Sächsische Schweiz bis zu den Elbe-Wasserwerken in Dresden, Meißen, Riesa und Torgau.

Die hochgradige Belastung der Elbe und ihrer Nebenflüsse beeinträchtigt die Nutzung des Elbewassers für die Trinkwasserversorgung und als Bewässerungswasser für die Landwirtschaft. Auch die Fischerei wurde in Teilen zum Erliegen gebracht.

– *Welche Möglichkeiten könnte ein Fluß, der nicht belastet ist, für Natur und Mensch bieten? Weshalb wird die Elbe als Prüfstein europäischer Umweltpolitik angesehen?*

Auswirkungen der Wassernutzung

**Der Zustand unserer Flüsse**

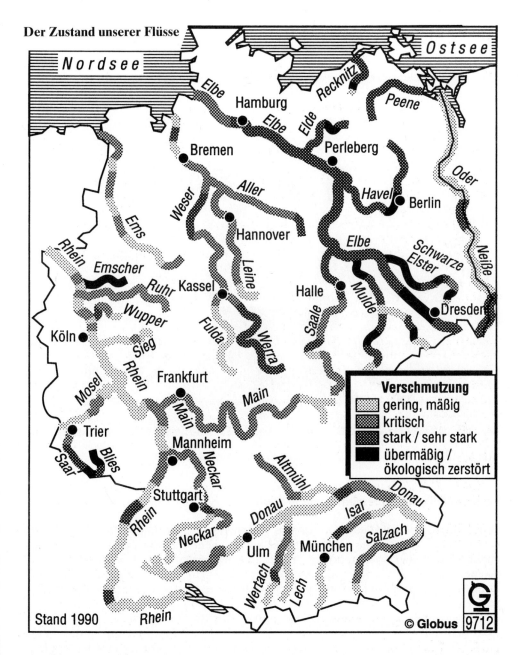

## Aktueller Gesamtüberblick

Die Länderarbeitsgemeinschaft Wasser hat erstmals einen Gesamtüberblick über den Gütezustand der Flüsse im vereinten Deutschland vorgelegt.

Statistische Angaben: Länderarbeitsgemeinschaft Wasser (LAWA)

## Auswirkungen der Verstädterung

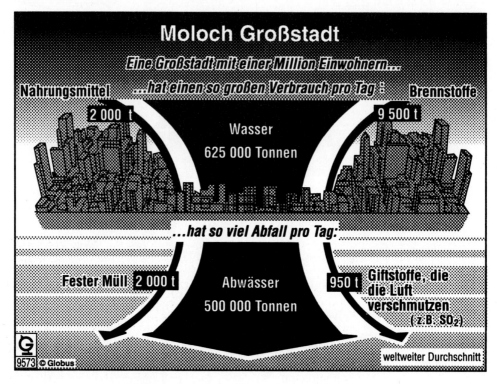

*Zur UNO-Konferenz über Umwelt und Entwicklung in Rio de Janeiro*

**Fast die Hälfte der Menschheit lebt in Städten**

In modernen Großstädten werden so gut wie keine Nahrungsmittel oder Brennstoffe produziert, und sie besitzen meist keine eigenen Trinkwasservorräte. Städte haben jedoch einen extrem hohen Bedarf an Nahrungsmitteln, Wasser und Energie. So verbrauchen die Einwohner einer Stadt in der Größe von Köln jeden Tag 2000 Tonnen Nahrungsmittel, 9500 Tonnen Brennstoffe und 625 000 Tonnen Wasser. Städte erzeugen zudem riesige Abfallberge, und die Luft- und Wasserverschmutzung erreicht gefährliche Ausmaße. Und die Verstädterung nimmt weiter zu. Während 1950 weltweit von je 100 Menschen nur 29 in einer Großstadt lebten, sind es heute schon 45. Inzwischen gibt es 20 Megastädte mit jeweils mehr als acht Millionen Einwohnern. Vierzehn davon liegen in Entwicklungsländern. Im Jahr 2000 wird die größte Stadt der Welt Mexiko City sein mit einer Einwohnerzahl von 24 Millionen.

Globus

(Zum Vergleich: ein Mittelklasseauto (z. B. VW Golf) wiegt 1 Tonne)

# Folgen der Luftverschmutzung

Luftverunreinigungen können gravierende Folgen haben:
- Beeinträchtigung oder Schädigung der Gesundheit des Menschen,
- Rückwirkungen auf das Wohlbefinden und die Gesundheit der Bevölkerung, die Nahrungsmittelproduktion sowie Störungen der Tier- und Pflanzenwelt,
- Schäden bei Tieren,
- Belastung der Gewässer und des Bodens,
- Vegetationsschäden (z. B. Waldschäden),
- Beeinträchtigungen des lokalen und globalen Klimas,
- Abbau der Ozonschicht,
- Korrosion von Metallen und Schutzanstrichen,
- Verwitterung von Bauten,
- Zerstörung von Kunstwerken.

### Emissionen und Immissionen

Bei der Analyse von Luftschadstoffen und deren Wirkungen unterscheiden Fachleute zwischen *Emissionen* und *Imissionen*. Diese Begriffe beschreiben zwei Seiten eines Vorgangs:
- *Emission* bedeutet Ausstoß von Stoffen, im folgenden den Ausstoß von Schadstoffen; die Emission wird gemessen an der Quelle der Schadstoffabgabe.
- *Immission* bezeichnet dagegen die Einwirkung der Stoffe auf den Menschen, auf Tiere, Pflanzen und unbelebte Dinge unabhängig von ihrer Herkunft.

Diese Unterscheidung berücksichtigt die Tatsache, daß starke Luftverschmutzung je nach Verursachungsart für die unmittelbare Umgebung von Emissionsquellen nicht unbedingt gravierende Folgen haben muß. In Mitleidenschaft gezogen sind dann häufig entfernt liegende Landschaften und Regionen. Dies ist der Fall, wenn z. B. durch hohe Schornsteine und entsprechende Witterungsbedingungen die nicht abgefilterten Schadstoffe von Industrieunternehmen über das Land und die Landesgrenzen hinaus transportiert werden. Tatsächlich ist ein Teil der Schadstoffbelastungen innerhalb der Bundesrepublik Deutschland auf einen grenzüberschreitenden Transport zurückzuführen. (...)

Die Schadstoffe verteilen sich je nach ihrer Beschaffenheit und nach Art der Emissionsquelle sowie den gerade aktuellen Witterungsbedingungen in ganz unterschiedlicher Weise. (...) Schwefeldioxid belastet nur zum geringeren Teil die Umgebung der Kraftwerke; es wird größtenteils über Hunderte von Kilometern transportiert und weiträumig verteilt, bis es sich im Regen oder mit dem Staub niederschlägt. Schwefeldioxid wird aber auch von Heizungen der Haushalte und von Industriefeuerungen ausgestoßen. Vor allem die Luft über den Ballungszentren kann in den Wintermonaten durch größere Mengen Schwefeldioxid belastet sein, insbesondere wenn die Wetterlagen bei geringen Windgeschwindigkeiten keinen Austausch mit frischer Luft zulassen. Weiträumig transportierte Luftschadstoffe aus den Nachbarstaaten verstärken diese Schwefeldioxid-Belastungen noch zusätzlich.

Autoabgase werden dagegen im Atembereich ausgestoßen. Im Bereich innerstädtischer Straßen kann der Anteil der Kraftfahrzeuge an der Luftverschmutzung bei Schadstoffen wie Kohlenmonoxid oder Stickstoffoxiden über 90 Prozent betragen.

# Problem Müll

*Rechenaufgabe:*

*Wieviel könnte jemand sparen, wenn er beim Wochenendeinkauf für DM 85,– (Lebensmittel, Getränke, Putzmittel) ganz auf die Verpackung verzichtete?*

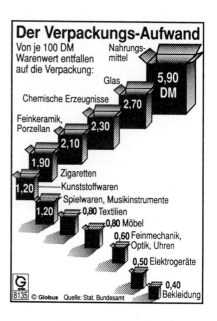

## Der Müllberg wächst

Der Müllberg wächst auch in Sachsen: In den Städten und Gemeinden steigt die Menge der zu entsorgenden Siedlungsabfälle sprunghaft an. Die Flut an Verpackungsmitteln und Druckschriften sowie der Zusammenbruch des SERO-Systems zeigen ihre Folgen. Oberstes Ziel der Abfallwirtschaftspolitik in Sachsen ist die Abfallvermeidung. Eine zukunftsorientierte Abfallwirtschaft muß den Trend zum weiteren Anwachsen der Abfallmengen wirksam stoppen und intensive Vermeidungsanstrengungen unternehmen. Sonst ersticken wir eines Tages in unserem eigenen Müll. Und das kann eigentlich keiner wollen.

### Abfallvermeidende Maßnahmen sind insbesondere

– das abfallarme Gewinnen und Aufbereiten von Rohstoffen sowie das abfallarme Herstellen, Verarbeiten und Verteilen von Erzeugnissen,

– die Erhöhung der Gebrauchsdauer und der Haltbarkeit sowie die Verbesserung der Reparaturfreundlichkeit der Erzeugnisse,

– die Steigerung der Mehrfachverwendung von Produkten,

– die Entwicklung und Anwendung umweltschonender Verfahren zur Vermeidung und Verwertung von Abfällen und Reststoffen,

– die Verminderung des Schadstoffgehalts in Abfällen sowie die bevorzugte Nutzung abfallarm erzeugter Gebrauchs- und Investitionsgüter.

*(Staatsministerium für Umwelt und Landesentwicklung. Freistaat Sachsen)*

# Problem Müll

*Versucht, diese Maßnahmen an Beispielen zu erklären. Ihr könnt zunächst von eurem eigenen Erfahrungsbereich ausgehen. Folgende Hinweise als Fragen sollen euch dabei helfen:*

– *Warum trinken wir in Sachsen z. B. Mineralwasser und Bier, das einen sehr weiten Weg hinter sich hat? (Energieaufwand beim Transport, LKW-Schlangen auf den Straßen, Luftverschmutzung)*

– *Weshalb trinken wir immer noch Cola u. ä. aus Dosen und Plastikbechern? (Müllproblem, Rohstoffe)*

– *Früher trug man z. B. eine Uhr jahrzehntelang und freute sich darüber. Heute werden billige Uhren sofort durch neue ersetzt, wenn sie nicht mehr funktionieren. Wie viele Schulranzen aus Plastik habt ihr schon ‚verbraucht'? Was geschah mit den alten Schulranzen? Haben eure Eltern noch ihre Lederranzen? Wie viele Füller und Stifte habt ihr schon ‚verbraucht'? Was geschah mit den alten?*

– *In welchen Bereichen sind wir bereit, unser bisheriges Verhalten zu verändern? Wo fällt es besonders schwer?*

– *In welchen Bereichen werden wir von der Werbung zu einem Konsumverhalten gedrängt, das der Umwelt schadet?*

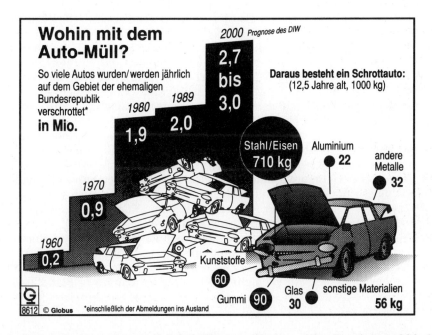

*Bei der Verschrottung der rund 2,3 Millionen Altautos (alte Bundesrepublik 1990) fallen rund 63 000 Tonnen problematische Stoffe, zum Beispiel Bremsflüssigkeit, Schmierfette, Motoröl und Scheibenwischwasser, an. Hinzu kommen 400 000 Tonnen Shreddermüll, wie Kunststoffe, Reifen und Glas.*

# Aktivitäten zur Müllvermeidung

### Schüler boykottieren Schulmilch im Plastikbecher

In der niedersächsischen Stadt Wolfsburg demonstrieren die Schüler für Glasflaschen. Zum Schutze der Umwelt soll die Schulmilch nicht länger in nur einmalig zu verwendenden Plastikbechern geliefert werden. Um dieser Forderung gegenüber den Kommunalpolitikern Nachdruck zu verschaffen, boykottieren die Schüler in dieser Woche *(März 1990)* den Schulmilch-Verkauf. (...)

Die Aktionen begannen damit, daß 300 Lehrer, Eltern und Schüler eine laut scheppernde Kette von 8000 Plastikbechern durch die Wolfsburger Innenstadt zogen. (...)

Der Stadtschülerrat rechnete den Verantwortlichen vor: In der Bundesrepublik fallen jährlich 160 Kilogramm Verpackungsmüll pro Kopf an. Diese Menge reicht aus, die Chinesische Mauer jedes Jahr nachzubauen. Allein die Menge der jährlich produzierten H-Milch-Kartons genügt für den Bau einer 1700 Kilometer langen Mauer von zwei Meter Höhe und einem halben Meter Breite. Allein an den Wolfsburger Schulen werden jährlich über 1,2 Millionen Plastikbecher nur für Milch verbraucht.

Milchbecher, so argumentierten die jugendlichen Umweltschützer, bestehen aus Polystyrol, Ausgangsstoffe sind das Nervengift Styrol und das als krebserregend bekannte Benzol. Außerdem werden für Kunststoffverpackungen wertvolle Rohstoffe und viel mehr Energie verbraucht als für wiederverwendbare Glasflaschen. Bei der Verbrennung der Plastikbecher entsteht Kohlenstoffdioxid, das den Treibhauseffekt verstärkt. Für die Deponierung von Müll werden immer größere Flächen benötigt, in deren Umgebung das Grundwasser gefährdet ist. Durch das Einwegverpackungssystem wird fast zehnmal mehr Müll produziert als durch das Mehrwegsystem, wie die Schüler nach gründlichem Studium der Fachliteratur herausfanden.

Sie befaßten sich auch mit den Gegenargumenten: höherer Transportaufwand durch Rücktransport der Flaschen und zusätzliche Personalkosten durch Lagerung und Reinigung der Flaschen. Nach gründlicher Abwägung in einer vom Stadtschülerrat herausgegebenen Broschüre kamen sie zu dem Ergebnis: „Die Umweltschäden von morgen werden durch unser heutiges Konsumverhalten verursacht. Dafür tragen wir die Verantwortung. Wir Verbraucher müssen unsere Ex-und-hopp-Mentalität überwinden und dadurch die Industrie zu ökologisch sinnvoller Produktion zwingen. Die Probleme, die sich mit dem ‚Kaufen-Trinken-Wegwerfen' ergeben, dürfen nicht in die Zukunft verschoben werden."

Die Wolfsburger Schüler und Eltern sahen sich zu ihren Aktionen durch einen ersten Boykott in Göttingen ermutigt, an dem sich im April 1989 rund 15 000 Schüler beteiligt hatten. Er führte zur Zusage des südniedersächsischen Molkerei-Unternehmens Hansano, von Frühjahr 1990 an die Schulmilch in Pfandflaschen zu liefern.

| | | |
|---|---|---|
| **Boykott** | = | **Abbruch bestehender (wirtschaftlicher) Beziehungen** |
| **boykottieren** | = | **die Ausführung eines Plans verhindern** |

– *Stellt die Argumente der Schüler für Mehrwegflaschen und gegen Plastikbecher zusammen! Welches der Argumente überzeugt euch am meisten?*

– *Besucht einen Lebensmittelladen und notiert Produkte, die in Mehrwegverpackungen angeboten werden!*

– *Beobachtet den Einsatz von Einweg- bzw. Mehrwegverpackungen bei Volksfesten, Fußballspielen, Schulfesten und Kindergeburtstagen! Wo und wie können wir etwas tun, um Müll zu vermeiden?*

– *Fragt eure Eltern nach Aktivitäten vor der Wende: wie wurde da Müll vermieden? Wie wurden Altstoffe gesammelt und nochmals verwertet? Weshalb ist das denn jetzt nicht mehr möglich?*


**Eine Schulklasse wird aktiv**

Vier Monate lang drehte sich im Unterricht der Klasse 5c alles um die Nordsee, wurden Gruppen gebildet in Biologie, Geographie, Chemie, Physik, Malen, Basteln, wurden Müllberge in Kubikmaße und auf die Länge der Nordseeküste umgerechnet, Texte über Umweltzerstörung diskutiert. (...)
Und so machte jeder seine Erfahrungen. Vera, Anuschka und Sarah beschäftigten sich mit Ebbe und Flut und stellten Gravitations- und Magnetismusexperimente an. Felix zeichnete Karikaturen über den Schadstoff-Kreislauf*, andere sammelten Bilder von Robben, schrieben an Greenpeace*. Auf den Tischen stapelten sich Zeitungen und Bilder. (...)
Aber „ein Projekt zur Rettung der Nordsee" – da muß man nicht nur verstehen, wie Schadstoffkreisläufe aussehen. Da muß man sich immer auch einschalten, etwas unternehmen. Die 5c schickte Telegramme in die Bundestagsdebatte – „Wir eröffnen gerade eine Ausstellung im Rathaus Kreuzberg und fordern die sofortige Rettung der Nordsee" –, Briefe an die Fraktionen. Auch die hilflosen Antworten hängen an den Stellwänden: „Liebe Klasse 5c, die SPD-Fraktion hat in Anträgen – siehe Anlage – die Bundesregierung zum Handeln aufgefordert, leider bisher ohne Ergebnis."
Hat es die Kinder verändert? „Ich glaube schon", sagt Nicole, „wir werfen nicht mehr so viel Müll auf den Boden." Sally schneidet aus ihren Mädchenzeitschriften alles über die Nordsee aus, und einige haben angefangen, Zeitung zu lesen. Simons Mutter hat der Klasse eine Öko-Putz-Kiste geschenkt, und einigen Eltern ist es schon fast peinlich, wenn ihre Kinder auf der Straße die Leute anmachen, die ihre Autos waschen oder alle paar Tage den Behörden oder Greenpeace etwas melden. Gelegentlich macht die 6c Müll-„Ausstellungen" in der Schule.
Sarah hat sich vorgenommen, ihre Erkenntnisse auch an andere Kinder zu „übergeben" – an die, die von der Nordsee noch nichts wissen. Vera sagt: „Alleine können wir nichts tun. Wir brauchen ein bißchen Verstärkung. Man muß Druck auf die höheren Leute ausüben. Auf die hören die Leute. Aber ein bißchen Respekt haben wir auch schon."

– *Wo seht ihr Möglichkeiten, in ähnlicher Weise aktiv zu werden?*

Aktivitäten zur Müllvermeidung

## Müllvermeidung

Müll- und Abfallvermeidung ist der wirksamste Umweltschutz.
- Zum Einkaufen Holzkorb oder Tasche mitnehmen. Keine Plastiktaschen und andere Verpackungsmittel aus Kunststoff im Geschäft mitnehmen. Außer empfindliche Lebensmittel (in Papier) nichts einpacken lassen.
- Getränke nur in Mehrwegflaschen (Pfandflaschen) kaufen. Papiertüten, Plastikbehälter und Aluminiumdosen in den Regalen stehenlassen. Die Verkäufer darüber informieren, daß man nur Mehrwegflaschen akzeptiert.
- Waren, die robust sind, im Geschäft auspacken und Verpackungen dort zurücklassen. Die Verkäufer darüber informieren, daß man aufwendige und unnötige Verpackung nicht akzeptiert. Sie auffordern, die Verpackung wiederzuverwerten oder an den Hersteller zu diesem Zweck zurückzusenden.

## Abfallsortierung

Im Müll sind Stoffe enthalten, die sich für die Wiederverwertung eignen: Papier, Pappe, Glas, Metalle, Kunststoffe, Textilien, organische Materialien. Abfallsortierung zum Zwecke der Wiederverwertung bedeutet die Verringerung der Energie- und Rohstoffverschwendung und die Verlangsamung des Wachsens der Müllberge und -deponien.
- Sorge dafür, daß in deinem Haushalt Behälter zum Aussortieren von Glas, Weißblech, Aluminium, Kunststoffe, eventuell Textilien und organischen Materialien stehen und richtig genutzt werden.
- Erkundige dich nach Sammelstellen und -containern für diese getrennten Abfälle.
- Sorge dafür, daß Sondermüll (Farben, Spritzmittel, Lösungsmittel, Batterien, Öle und andere Chemikalien) in eurem Haushalt sorgfältig gesammelt und an den entsprechenden Ablieferterminen an den Sondermüllsammelstellen abgegeben wird.
- Prüfe, ob die Chemie-, Biologie- und Physiklehrer an deiner Schule die gefährlichen Stoffe getrennt sammeln und an eine Spezialfirma zur sachgerechten Entsorgung geben. Protestiere, wenn diese Stoffe in den Wasserausguß geschüttet werden.

## Recycling für jedermann

- Lege im Garten einen Komposthaufen an, damit sich die in euerem Haushalt und Garten anfallenden organischen Stoffe (Hüllblätter von Gemüse, Schalen von Früchten, Schnittholz, Laub) in Humus verwandeln können.
- Alte Hosen, Kleider, Mäntel, Jacken, Pullis und andere Wäsche sollte auf Wiederverwertung geprüft werden. Ein Teil davon kann an Second-hand-shops weitergegeben werden, ein anderer Teil zur Kleidersammlung verschiedener sozialer Organisationen, ein übriger Teil zur Textilverwertung, soweit es sie regional bereits gibt.
- Aus zwei alten Fahrrädern kann ohne allzugroße technische Begabung durchaus ein „neues", funktionstüchtiges Fahrrad gebaut werden. Daher nicht gleich ein neues kaufen. Wer noch ein Kinderrad irgendwo stehen hat, der sollte es – auch wenn er es selbst nicht mehr verwenden kann – nicht zum Sperrmüll geben. Es gibt noch immer Kinder, die kein Fahrrad haben oder kein neues haben wollen. Also einfach weiterverkaufen oder verschenken.

- Briefumschläge jeder Größe, Paket-Schachteln können wiederverwertet werden, wenn Adressen und Absenderflächen überklebt sowie die gebrauchten Briefmarken abgezogen werden.
- Überlege weitere Recyclingmöglichkeiten, die speziell bei euch zu Hause möglich sind.

**Energie**

Heute kann jeder soviel Energie verbrauchen, wie er will. Energie ist billig und bequem zu haben. Wen kümmert es daher, wenn Energie nutzlos verschwendet wird. Haben wir denn nicht Überkapazitäten (es ist mehr Energie da, als genutzt wird) bei den Energie-Erzeugern, den Kraftwerken? Das ist richtig, aber die Energie-Rohstoffe Gas, Erdöl, Stein- und Braunkohle, ja selbst Uranerze, sind nur in einer begrenzten Menge vorhanden. Zur Bildung der fossilen Brennstoffe Kohle, Öl und Erdgas waren ein paar Millionen Jahre nötig. Wir nutzen seit Jahrzehnten so große Anteile dieser begrenzten Energie-Rohstoffmenge, daß späteren Generationen im Vergleich zu heute wohl nur noch kümmerliche Reste zur Verfügung haben. Bei Fortsetzung dieser Energieverschwendung wird Erdöl in wenigen Jahrzehnten weitgehend aufgebraucht sein, Kohle in wenigen Jahrhunderten. Dabei ist Erdöl ein wichtiger Rohstoff der Chemie (Herstellung von Medikamenten, Kunststoffen, Textilien) und damit viel zu schade für die Verbrennung im Rahmen der Energieerzeugung. Es drohen also nicht nur Energievorräte zu Ende zu gehen, sondern auch bedeutende Möglichkeiten zur Erzeugung künstlicher Wirk-, Gebrauchs- und Baustoffe. Wir leben also auf Kosten unserer Nachkommen. Das „Nach uns die Sintflut"-Denken* spüren wir heute schon. Die Wälder sind erkrankt. Bäume sterben. Tiere verschwinden für immer. Das Grundwasser ist belastet. Hier ließe sich noch vieles aufzählen. Nur die „Ewig-Gestrigen" begreifen es nicht. Umdenken ist notwendig. Wir müssen Verantwortung für heute und die Zukunft tragen. Wir müssen die Umwelt erhalten, die Rohstoffvorräte schonen, die Energie sinnvoll nutzen und nicht nutzlos verschwenden.

## Energiesparen in der Schule:

- In den Wintermonaten bei laufender Heizung nur in den Pausen oder bei „dicker Luft" kurz, aber kräftig (Fenster weit öffnen!) lüften. Keinesfalls bei laufender Heizung die Fenster etwas geöffnet halten (große Energie-Verluste).
- Wenn es im Klassenzimmer zu warm ist, nicht das Fenster öffnen, sondern die Heizung abstellen oder den Hausmeister um „Kleinerstellung" der Heizung bitten.
- Licht im Klassenzimmer nur nach Bedarf einsetzen. Bei hellem Sonnenschein sollten Lichter nicht oder nur in dunklen Ecken oder zur Beleuchtung der Tafel brennen. In längeren Pausen alle Lichter ausschalten.

## Energiesparen auf dem Schulweg

- Einen kurzen Schulweg kann man zu Fuß bewältigen. Bei längerer Strecke ist das Fahrrad das umweltfreundlichste Verkehrsmittel. Selbst dann, wenn ein Mofa, Moped, Motorrad oder Auto zur Verfügung steht, sollte insbesondere bei gutem Wetter das Fahrrad vorgezogen werden.
- Bei schlechtem Wetter sind öffentliche Verkehrsmittel (Bus, Bahn) der privaten Autofahrt vorzuziehen.
- Gibt es keine öffentlichen Verkehrsmittel, sollten Fahrgemeinschaften (ein Elternteil sammelt mehrere Schüler ein und fährt sie zur Schule) gebildet werden.

## Energiesparen zu Hause

- Nur Zimmer stetig heizen, in denen man sich aufhält. Andere Zimmer dürfen kühler sein. Kurz und kräftig lüften, statt lang und nur durch einen Spalt. Folgende Raumtemperaturen reichen aus: Wohnzimmer 20–21 Grad Celsius, Küche 18, Kinderzimmer 20–21, Schlafzimmer 16–18, Bad 23 (bei Benutzung), Flur 15, Garage ungeheizt.
- Licht nur bei Bedarf einschalten.
- Man sollte darauf hinwirken, daß die Eltern nicht unnötige elektrische Geräte einsetzen. Vieles geht auch von Hand, z. B. sind elektrische Messer, Geschirrspülmaschinen und viele andere Küchengeräte gar nicht notwendig.
- Beim Einkauf elektrischer Geräte (z. B. Waschmaschine) die Eltern auf energieeinsparende Systeme aufmerksam machen. Es gibt fast immer in Bezug auf Strom- und Wasserverbrauch sparsame Geräte, aber auch andere.
- Elektrische Geräte mit hohem Verbrauch nicht gleichzeitig und in den Zeiten des Spitzenverbrauchs an Strom (Kochzeiten, frühe Abendstunden) anschalten (soweit möglich). Also Waschmaschinen, Geschirrspüler, große Musik-Verstärkeranlagen und elektrische Heizgeräte nicht während der Koch- und Fernsehzeiten einschalten. Denn hohe Verbrauchsspitzen bei Strom führen zum Bau weiterer Kraftwerke.

## Batterien

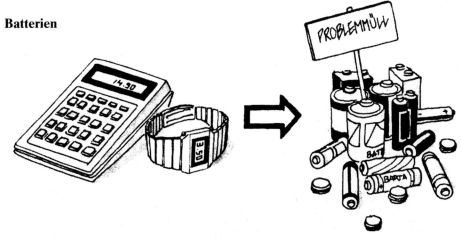

Alltäglich verwenden wir für Taschenrechner, Hör-, Sprech-, Film- und Fotoapparate, Radios, Taschenlampen und Uhren aller Art kleine Batterien, die in unterschiedlicher Zusammensetzung die hochgiftigen Schwermetalle Quecksilber, Cadmium und Blei enthalten. Schon kleinste Mengen dieser Gifte können Mensch und Tier schaden und Veränderungen im Naturhaushalt bewirken. Diese Schwermetalle können aber freigesetzt werden, wenn die Batterien auf die Mülldeponie oder in die Müllverbrennungsanlage geraten.
- Batterien nie im Zimmer vor sich hergammeln lassen.
- Batterien nie in den Müll werfen.
- Batterien aller Art am besten in einem geschlossenen Behälter, z. B. einer größeren Dose, sammeln, in die zu Beginn etwas Aktivkohle eingefüllt wird. Diese Aktivkohle nimmt eventuell bereits während der Sammlungsphase austretende Quecksilberdämpfe auf. Batterien und Aktivkohle werden dann bei einer Sondermüll-Sammlung Fachleuten zur fachgerechten Entsorgung abgegeben.

## Taschenrechner

- Taschenrechner gehören heute in den naturwissenschaftlichen Fächern sowie im Fach Mathematik zum alltäglichen Hilfsmittel des Schülers. Es gibt grundsätzlich zwei Taschenrechnertypen, die von Batterien versorgten Rechner und die Solarrechner. Letztere erhalten ihre Energie von der Sonne oder der Glühbirne. Sie funktionieren nur bei Licht. Wer aber arbeitet schon ohne Licht? Die nur von Batterien versorgten Taschenrechner benötigen alle 1–2 Jahre neue, meist quecksilberhaltige Batterien (Achtung Umweltgift!), die Solarrechner dagegen benötigen keine Nachladung. Solarrechner sind nur wenige Mark teurer als nur batteriebetriebene Geräte, daher fällt es leicht, den umweltfreundlicheren Solarrechner auszuwählen.
- Umweltschützer benutzen Solarrechner.

## Armband-Uhren

Für Armbanduhren gilt ähnliches. Solaruhren benötigen keine zusätzlichen quecksilberhaltigen Batterien. Aufziehbare bzw. automatische nicht stromgespeiste Uhren sind aber noch umweltfreundlicher.

– Solaruhren oder nicht stromgespeiste Uhren sind Uhren, die regelmäßig quecksilberhaltige Batterien benötigen, vorzuziehen.

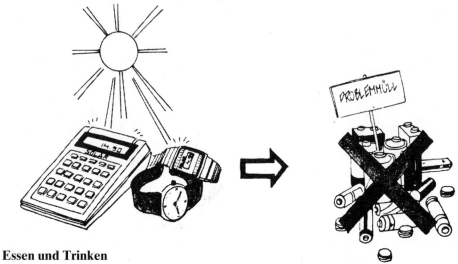

**Essen und Trinken**

Heute prägen nicht mehr Milchflaschen und kräftige Brote das „Pausen-Brot" der Schüler, heute werden in Folien aus Aluminium oder Kunststoffen Milchschnitte, Schokolade, Kekse, Schoko-Riegel, Müsli-Riegel und zum Trinken Aludosen und Papierpackungen von Milch, Kakao, Cola, Fanta und Fruchtsäften verkauft. Papierkörbe, Blumenbeete und dunkle Ecken sind stille Zeugen täglich verursachter Abfallberge. Selbst Wurstbrote von zu Hause sind in glänzender Alufolie verpackt. Das „Butterbrotpapier", preiswert, hygienisch und verrottungsfähig ist nicht mehr „in".

– Nur Pfandflaschen (Mehrwegflaschen) kaufen.
– Vom Hausmeister das Angebot von Milch und Kakao in Glasflaschen fordern.
– Wurst-, Käsebrot und andere belegte Brote in „Butterbrot-Papier" verpackt und von zu Hause mitnehmen.
– Aluminiumfolien und -dosen meiden.
– Verpackung in Abfalleimer werfen, nicht auf den Schulhof oder den Schulgarten. Aber es sind nicht mehr allein die Müllprobleme, die besorgt machen. Auch diese Pausen-Stärkung ist nicht mehr das, was sie mal war.

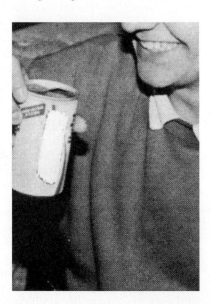

– *Überlegt, wie wir im Bereich „Körperpflege" Müll vermeiden können! (Wo liegen Umweltprobleme bei Lippenstiften, Lidschatten, Wimperntusche, Nagellack, Deos, Haarshampoos?)*
– *Was sollten wir beim Kauf von Schulmäppchen, Schultaschen, Füller, Patronen, Tintentank, Kulis, Faserschreiber und Tintentod beachten?*

# Tierhaltung

**Ein Bär wächst bis zum Dach**

„Wie sahen die Jungen aus?" fragte der Kommissar.

Der Wärter sagte: „Sie trugen blaue Hosen und gelbe Hemden; sie waren so groß –", und er hielt dabei die Hand über den Tisch.

„Sonst haben Sie keinen Anhaltspunkt?"

„Nein, sonst habe ich keinen Anhaltspunkt", sagte der Wärter.

Am nächsten Tag stand in der Zeitung unter „Lokales" mit fettgedruckter Überschrift:

*Übermütiger Diebstahl im Tiergarten*
*Drei Jungen im Alter von 10 bis 12 Jahren gelang es gestern am späten Nachmittag, den im März zur Welt gekommenen Jungbären Puh an sich zu nehmen und zu entführen. Die Täter entkamen über den Zaun zur Flußseite. Nach Aussagen des Wärters trugen die Jungen blaue Hosen und gelbe Hemden. Der Verein für Tierschutz e. V. bittet die Bevölkerung, bei der Suche behilflich zu sein und zweckdienliche Angaben an ihn direkt oder an das nächstgelegene Polizeirevier zu machen.*

Alle, die die Notiz gelesen hatten, sahen auf der Straße nach den Jungen aus.

Die Jungen klingelten mit ihren verchromten Fahrrädern durch die Stadt, sie standen vor den Schaukästen der Kinos und betrachteten die Cowboy-Plakate, sie lehnten vor der Eisdiele an der Mauer und redeten über die PS der Autos und Motorräder; auf den Wiesen, unten am Fluß, spielten sie Fußball, im Vorort legten sie Konservendosen auf die Straßenbahnschienen; sie trugen die Ledermappen zur Schule und die Geigenkästen zur Violinstunde, sie holten Romane von der Leihbibliothek und Kaugummi vom Kiosk, und alle trugen blaue Hosen und gelbe Hemden, und niemand konnte gegen irgendeinen der Jungen eine Anzeige erstatten.

Mungo hatte am Morgen, als die Zeitung durch den Türspalt raschelte, die Zeitung aufgeschlagen und die Notiz entdeckt. Er ging in sein Zimmer zurück, nahm die Lederhose aus dem Schrank, zog sie an und steckte sein kariertes Hemd in den Bund.

Seine Mutter sagte in der Küche: „Warum ziehst du schon jetzt die Lederhose an? Es ist doch bitter kalt."

„Gar nicht kalt", sagte Mungo.

Er trank zwei Tassen Milch, aß ein Brötchen, und zwei steckte er, als seine Mutter die Bettvorlage vom Balkon klopfte, in die Taschen.

Er lief durch die Straße, klingelte zweimal bei Simson und sah hinauf, bis dessen blonder Kopf oben am Fenster erschien.

„Ich komme gleich!" rief er von oben.

Als er aus der Tür kam, sagte Mungo: „Hast du die Zeitung gelesen?"

„Warum soll ich Zeitung lesen?"

„Es steht drin. Und wie wir angezogen waren, steht drin."

„Wie wir angezogen waren –?"

„Blaue Hosen und gelbe Hemden."

Mungo sah Simson an, und Simson sah an sich herab: Blaue Hosen – gelbes Hemd.

„Zieh dich schleunigst um", sagte Mungo. – „Und nimm was zu fressen für ihn mit!" rief er Simson nach.

Manfred wohnte vor der Stadt, in der Siedlung zwischen dem Gaskessel, dem Stadion und dem Rangierbahnhof.

Im letzten Häuschen der Relaisstraße wohnte er bei seiner Mutter, die immer im Bett lag.

Breitbeinig, die Hände in den Taschen seiner blauen Hose, stand er vor dem Zaun.

„Ihr könnt es wohl nicht mehr erwarten, mit ihm zu spielen", empfing er die beiden.

„Das auch", sagte Mungo. „Aber zuerst mußt du eine andere Hose und ein anderes Hemd anziehen."

„Warum?"

„Es steht in der Zeitung! Die Täter trugen blaue Hosen und gelbe Hemden."

„Los, zieh was anderes an", sagte Simson.

„Ich hab' nichts anderes", sagte Manfred.

Im Schuppen, hinten im Garten, zwischen Holzstapeln, Brettern, einem zersprungenen Faß, einem verrosteten Bettgestell, zwischen Autoreifen, Kübeln und Eimern, dem Kaninchenstall und der verdrahteten Kiste mit dem Meerschweinchen hatten sie den kleinen Bären versteckt. Zur Kugel gerollt, lag er auf der Erde. Er äugte zu ihnen herauf, streckte die Tatzen vor und leckte sie mit tiefem Gebrumm. Er erhob sich und trottete zu Mungo, der ihm ein Brötchen vorhielt. Er schnappte danach, doch es fiel ihm zwischen die Tatzen. Er nahm es von der Erde auf, und in zwei, drei Sekunden hatte er es verschlungen.

Mungo gab ihm das zweite Brötchen. Simson zog ein belegtes Brot aus der Tasche, und Manfred brachte eine Schüssel voll Milch aus dem Haus.

Nichts blieb übrig.

Puh, der Bär, reckte und streckte sich. Er gähnte. Er rieb sein dickes, schwarzbraunes Fell am Faß, daß es umfiel. Er kugelte auf den Rücken. Er tappte rückwärts. Er hatte es gern, wenn ihm die Jungen durch das Fell strichen.

Nein, niemand hatte ein schöneres Spielzeug!

Die Tage waren für die drei zu kurz, mit Puh zu balgen, Löwenzahn, Mäuse, Milch und Brötchen für ihn zu besorgen, ihm zuzusehen und zu lachen.

Als die Ferien zu Ende gingen, war Puh so groß wie ein Pudel.

Eines Morgens, als Manfred in den Schuppen kam, fand er den Bären, wie er den Draht vom Kaninchenstall riß. Das weiße Kaninchen saß in der hintersten Ecke der Kiste und sah mit großen, ängstlichen Lichtern zu ihm her.

Das schwarze Kaninchen war verschwunden.

Manfred nagelte die Lücke zu. Er suchte das schwarze Kaninchen zwischen den Holzstapeln, den Brettern, den Autoreifen, den Kübeln und Eimern. Er suchte es im Garten und fand es nicht.

Dann erst sah er die Blutflecken auf der Erde und am Fell des Bären.

Als Mungo und Simson kamen, sagte Manfred: „Er hat das schwarze Kaninchen gefressen!"

„Das kann nicht sein!" sagte Mungo.

„Aber, wo ist es denn? Hab' ich's vielleicht gefressen?"
„Es ist weggelaufen", sagte Simson.
„Ich habe es überall gesucht."

Puh stieß die Schnauze an Manfreds Bein. Er ließ sich hinterrücks umfallen. Sie lachten wieder. Sie spielten einen Nachmittag lang mit ihm.

Einmal aber schlug er seine Vordertatze in Mungos Rücken und kratzte mit seinen Krallen sieben rote Risse in die Haut.

Drei Tage später war auch das weiße Kaninchen weg. Die Kiste der Meerschweinchen lag auf der Erde. Der Draht hing zerrissen, und die Meerschweinchen waren verschwunden, bis auf eines, das tot unter Puhs Tatzen lag. Manfred lief zu Simson. Sie liefen zu Mungo, und alle drei liefen zurück zum Schuppen, wo der Bär zwischen dem Gerümpel stand. Aufrecht stand er da, fest auf den Hinterbeinen. Er war so groß wie Manfred, der Kleinste der drei, und sie fürchteten sich.

Mungo sagte: „Der wächst bis zum Dach."
„Sicher wächst er bis zum Dach", sagte Simson.
„Darüber hinaus", sagte Manfred.
Und sie wagten nicht mehr, mit ihm zu spielen.
„Wir melden es der Polizei", sagte Manfred.
„Du spinnst", sagte Mungo.
„Da wären wir schön dumm", sagte Simson. „Lieber bringen wir ihn in der Nacht zurück."
„Ich nicht! Nein, ich rühre den Kerl nicht mehr an!" sagte Manfred.
„Nur weil er deine ollen Meerschweinchen verschlungen hat?"
„Und die Kaninchen", sagte Manfred.
„Die blöden Kaninchen."
„Ich mag ihn nicht mehr sehen", sagte Manfred.
Mit hängenden Köpfen gingen sie auseinander.

Am nächsten Tag kam Mungo allein. Er brachte ein Stück gebratenes Fleisch mit, das er in hohem Bogen zu Puh hineinwarf.

Bald blieb auch er aus.

Am Abend ließ Manfred die Tür des Schuppens offen. Lange lag er wach und dachte immerfort: Am besten, wenn er wegläuft – am besten, wenn er wegläuft.

In der Nacht blieb alles still.

Und doch war der Bär am Morgen fort.

Manfred ging zur Schule wie jeden Tag.

Die Lehrerin fragte: „Wo entspringt der Rhein?"

Sie kam durch die Reihen vor Manfreds Bank und fragte nochmals: „Manfred, wo entspringt der Rhein?"

Er hörte die Frage erst, als die Lehrerin sie wiederholte und ihm dabei mit den Fingerspitzen an die Brust tippte.

„Woran denkst du schon wieder, Manfred?"

Er fuhr auf. Alle Buben und Mädchen hatten die Gesichter zu ihm gedreht.

„Wo der Rhein entspringt, habe ich gefragt!"

„Ich weiß es nicht", sagte Manfred.

Theo wußte es. Er leierte herunter: „Es gibt einen Vorderrhein und einen Mittelrhein. Sie entspringen am St. Gotthard. Das ist der Berg in den Alpen. Der St. Gotthard ist 3197 Meter hoch –."

Gegen Abend gingen Fräulein von Osten und Fräulein Lortzing, die Klavierlehrerin, im Stadtpark spazieren.

„Die Astern blühen schon", sagte Fräulein von Osten.

„Ach, die Astern", seufzte Fräulein Lortzing. „Astern machen so traurig. Astern bedeuten Herbst."

„Aber doch nicht für Sie, Gertrude", sagte Fräulein von Osten.

Unter solchen Gesprächen wandelten sie den Pfad zum Goldfischteich hinab.

Wo der Pfad durch die Tannen führt, stand ein Bär. Er hob die Tatzen hoch und sperrte das Maul auf.

Die ältlichen Fräuleins ließen die Handtaschen und Schirme fallen und liefen laut schreiend den Pfad zurück.

„Hilfe! Hilfe! Ein Bär!"

Die Leute, die vor dem Konzertpavillon auf den Bänken saßen, sprangen auf, ihnen entgegen.

„Ein Bär! Ein Bär!" schrien die Fräuleins grell.

„Aber, meine Damen", sagte ein dicker Herr, „im Stadtpark gibt es doch keine Bären. Sicher war es ein Hund, ein großer, zottiger Hund."

„Nein, ein Bär", sagte Fräulein Lortzing.

Ein Polizist kam von der Straße herüber. Er sagte: „Es ist schon möglich, daß es ein Bär ist."

Die Fräuleins mußten mit zur Wache gehen. Sie wollten weinen, doch sie hatten keine Taschentücher, in die sie hätten weinen können, deshalb lächelten sie nervös.

Am nächsten Morgen wurde Puh, der Bär, von den Feuerwehrleuten und den Wärtern des Tiergartens eingefangen und in den Zwinger zurückgebracht.

Die Bärin beschnupperte ihn von allen Seiten. Sie trottete einige Male um ihn herum, dann legte sie ihre vier Tatzen um Puh, und auch die Schnauze deckte sie noch über ihn.

Wie in einer Wiege lag Puh bei ihr.

Die Mitglieder des Tierschutzvereins und mehr Besucher als sonst kamen, den eingefangenen Bären zu sehen. Sie warfen Brötchen, Bonbons, Äpfel und Bananenstücke hinab. Sie riefen: „Mach Bitteschön!" Aber es dauerte eine Weile, bis die beiden unten sich stören ließen.

Auch Mungo, Simson und der kleine Manfred kamen in den Tiergarten, den eingefangenen Bären zu sehen.

Als sie über die Mauer des Zwingers lehnten, kam der Wärter Greiner von der Seite, blieb stehen, sah die drei an und sagte: „Ihr kommt mir so bekannt vor."

Ihre Gesichter wurden weiß. Sie spannten die Beinmuskeln, wegzulaufen, doch Mungo sagte schlagfertig: „Sicher bekannt. Wir gehen nämlich öfter in den Zoo. Wir haben Tiere gern."

„Vor allem kleine Bären", sagte der Wärter.

„Auch andere Tiere", sagte Mungo.

„Kaninchen und Meerschweinchen", piepste Manfred.

„Hoffentlich habt ihr sie nicht *zu steil*", sagte der Wärter.

„Nein, das bestimmt nicht", sagte Mungo.

Der Wärter blieb noch ein paar Sekunden stehen, dann ging er weiter.

Die drei atmeten wieder.

Sie sahen hinab zu Puh, der die tollsten Späße vollführte. Aber sosehr sie auch riefen, nicht ein Mal sah er zu ihnen herauf.

*Hans Bender*

– *Weshalb haben die Jungen den Bären aus dem Zoo geklaut?*

– *Woran dachten sie zuerst?*

– *Wie leben Bären im Zoo – wie in freier Natur? Wo gibt es heute noch frei lebende Bären?*

– *Welche Erfahrungen mußten die Jungen mit dem Bären machen?*

– *Ist es heute, da wir Tiere und ihr Verhalten in recht guten Filmen betrachten können, noch angebracht, sie im Zoo einzusperren? Begründet eure Meinung!*

– *Besucht einen Zoo in eurer Umgebung und untersucht, ob die Tiere artgerecht leben können! Was können wir tun, wenn wir zu großes Mitleid mit ihnen bekommen? (Aber bitte nicht „befreien"!)*


**Humorlos**

**Die Jungen
werfen
zum Spaß
mit Steinen
nach Fröschen**

**Die Frösche
sterben
im Ernst**

*Erich Fried*

**Die Spitzin**

Zigeuner waren gekommen und hatten ihr Lager beim Kirchhof außerhalb des Dorfes aufgeschlagen. Die Weiber und Kinder trieben sich bettelnd in der Umgebung herum, die Männer verrichteten allerlei Flickarbeit an Ketten und Kesseln und bekamen die Erlaubnis, so lange dazubleiben, als sie Beschäftigung finden konnten und einen kleinen Verdienst.

Diese Frist war noch nicht um, eines Sommermorgens aber fand man die Stätte, an der die Zigeuner gehaust hatten, leer. Sie waren fortgezogen in ihren mit zerfetzten Plachen[1] überdeckten, von jämmerlichen Mähren geschleppten Leiterwagen. Von dem Aufbruch der Leute hatte niemand etwas gehört noch gesehen; er mußte des Nachts in aller Stille stattgefunden haben.

Die Bäuerinnen zählten ihr Geflügel, die Bauern hielten Umschau in den Scheunen und Ställen. Jeder meinte, die Landstreicher hätten sich etwas von seinem Gute angeeignet und dann die Flucht ergriffen. Bald aber zeigte sich, daß die Verdächtigen nicht nur nichts entwendet, sondern sogar etwas dagelassen hatten. Im hohen Grase neben der Kirchhofmauer lag ein splitternacktes Knäblein und schlief. Es konnte kaum zwei Jahre alt sein und hatte eine sehr weiße Haut und spärliche hellblonde Haare. Die Witwe Wagner, die es entdeckte, als sie auf ihren Rübenacker ging, sagte gleich, das sei ein Kind, das die Zigeuner, Gott weiß wann, Gott weiß wo, gestohlen und jetzt weggelegt hätten, weil es elend und erbärmlich war und ihnen niemals nützlich werden konnte.

Sie hob das Bübchen vom Boden auf, drehte und wendete es und erklärte, es müsse gewiß irgendwo ein Merkmal haben, an dem seine Eltern, die ohne Zweifel in Qual und Herzensangst nach ihm suchten, es erkennen würden, „wenn man das Merkmal in die Zeitung setze". Doch ließ sich kein besonderes Merkmal entdecken und auch später trotz aller Nachforschungen, Anzeigen und Kundmachungen weder von den Zigeunern noch von der Herkunft des Kindes eine Spur finden.

Die alte Wagnerin hatte es zu sich genommen und ihre Armut mit ihm geteilt, nicht nur aus Gutmütigkeit, sondern auch in der stillen Hoffnung, daß seine Eltern einmal kommen würden in Glanz und Herrlichkeit, es abzuholen und ihr hundertfach zu ersetzen, was sie für das Kindlein getan hatte. Aber sie starb nach mehreren Jahren, ohne den erwarteten Lohn eingeheimst zu haben, und jetzt wußte niemand, wohin mit ihrer Hinterlassenschaft – dem Findling. Ein Armenhaus gab es im Dorf nicht, und die Barmherzigkeit war dort auch nicht zu Hause. Wen um Gottes willen ging das halbverhungerte Geschöpf etwas an, von dem man nicht einmal wußte, ob es getauft war? „Einen christlichen Namen darf man ihm durchaus nicht geben", hatte der Küster von Anfang an unter allgemeiner Zustimmung erklärt, aber auf die Frage der Wagnerin: „Was denn für einen?" keine Antwort gewußt. „Geben S' ihm halt einen provisorischen[2]", war die Entscheidung gewesen, die endlich der Herr Lehrer getroffen, und die halb taube Alte hatte nur die zwei ersten Silben verstanden und den Jungen Porvi und nach seinem Fundorte Kirchhof genannt. Nach ihrem Tode waren alle darüber einig, daß dem Provi Kirchhof nichts Besseres zu wünschen sei als eine recht baldige Erlösung von seinem jämmerlichen Dasein. Der Armselige lebte vom Abhub[3], kleidete sich in Fetzen – abgelegtes Zeug, ob von kleinen Jungen, ob von kleinen Mädchen, galt gleich –, ging barhäuptig und barfüßig, wurde ge-

---

[1] Plache: Plane  [2] provisorisch: vorläufig  [3] Abhub: Abfall

prügelt, beschimpft, verachtet und gehaßt und prügelte, beschimpfte, verachtete und haßte wieder. Als für ihn die Zeit kam, die Schule zu besuchen, erhielt er dort zu den zwei schönen Namen, die er schon hatte, einen dritten, „der Abschaum", und tat, was in seinen Kräften lag, um ihn zu rechtfertigen.

Da war im Orte die brave Schoberwirtin. Im vergangenen Herbst hatte Provi in einem Winkel ihrer Scheuer eine Todeskrankheit durchgemacht, ohne Arzt und ohne Pflege. Nur die Schoberin war täglich nachsehen gekommen, ob es nicht schon vorbei sei mit ihm, und hatte ihm jeden Morgen ein Krüglein voll Milch hingestellt. Die Gewohnheit, ihm ein Frühstück zu spenden, behielt sie bei, auch nachdem er gesund geworden war. Pünktlich um fünf fand er sich ein, blieb auf der Schwelle der Wirtsstube stehen und rief: „Mei Müalch!" Er bekam das Verlangte und ging seiner Wege. Einmal aber ereignete sich etwas ganz Ungewöhnliches. Der Wirt, der sonst seinen Abendrausch regelmäßig im Bett ausschlief, hatte ihn diese Nacht auf der Bank in der Wirtsstube ausgeschlafen und erwachte in dem Augenblick, als Provi auf die Schwelle trat und rief: „Mei Müalch!"

Was sagte der Lackel? Was wollte er? Schober dehnte und reckte sich. Ein verflucht kantiges Lager hatte er gehabt, seine Glieder schmerzten ihn, und seine Laune war schlecht. Der grobe Klotz Provi fand heute an ihm einen groben Keil. „Nicht zu verlangen, zu bitten hast, du Lump! Kannst nicht bitten?"

Der Junge riß die farblosen Augen auf, sein schmales Gesicht wurde noch länger als sonst, der große, blasse Mund verzog sich und sprach: „Na!"

Die Früchte, die ihm dieses Wort eintragen sollte, reiften sogleich. Schober sprang auf ihn zu, verabreichte ihm sein Frühstück in Gestalt einer tüchtigen Tracht Prügel und warf ihn zur Tür hinaus. Solche kleinen Zwischenfälle machten aber keinen Eindruck auf den Jungen. Wie alltäglich fand er sich am nächsten Morgen wieder ein und forderte in gewohnter Weise „seine" Milch. Die Wirtin gab sie ihm, aber eine gute Lehre dazu: „Du mußt bitten lernen, Bub, weißt? – bitten. Bist schon alt genug, bist gwiß – ja, wenn man bei dir nur was gwiß wüßt! –, gwiß schon vierzehn. Also merk dir, von morgen an: Wenn's kein Bitten gibt, gibt's keine Milch." Sie blieb dabei, ob es ihr auch schwer wurde. Wie schwer, sah Provi wohl, und es war ihm ein Genuß, eine Befriedigung seiner Lumpeneitelkeit. Ihm dem Ausgestoßenen, dem Namenlosen, war Macht gegeben, der reichsten Frau im ganzen Orte Stunden zu trüben und die Laune zu verderben. Sie blickte ihn mit Bekümmernis nach, wenn er ohne Gruß an ihrer Tür vorüberging, zur Arbeit in den Steinbruch.

Dort taglöhnerte er jetzt beim Wegemacher, der ihn in Kost genommen und ihm ein Obdach im Ziegenstall gegeben hatte. Der Wegemacher brauchte nicht wie die andern Leute den Umgang mit Provi für seine Kinder zu fürchten. Die fünf Wegemacherbuben konnte der Auswürfling nichts Böses lehren, sie wußten ohnehin schon alles und waren besonders Meister in der Tierquälerei. Die Ziegen, Kaninchen, die Hühner, die ihnen untertan waren, und der Haushund, die unglückliche Spitzin, gaben Zeugnis davon, ihre Narben erzählten davon und ihre beschädigten Beine und ihre gebrochenen Flügel. Provi fand sein Ergötzen an dem Anblick der Roheit, den er jetzt stündlich genießen konnte. Er fing für die kleineren der Buben Vögel ein und gab sie ihnen „zum Spielen", und diese Opfer konnten von Glück sagen, wenn sie kein allzu zähes Leben hatten.

Das ärmste von den armen Tieren der Wegemacherfamilie war aber die alte Spitzin. Sie lief nur noch auf drei Beinen und hatte nur noch ein Auge. Ein Fußtritt des Erstgeborenen unter ihren Peinigern hatte sie krumm, ein Steinwurf sie halb blind gemacht. Trotz dieser Defekte trug sie ihr impertinentes[4] Näschen hoch und ihr Schwänzchen aufrecht, bellte jeden fremden Hund, der sich blicken ließ, wütend an, und ihre Beschimpfungen gellten ihm auf seinem Rückzuge nach. Die Söhne des Wegemachers fürchtete, ihn selbst haßte sie, weil er ihr ihre kaum geborenen Jungen immer wegnahm und bis auf ein einziges in den See warf.

Zur Zeit, in der Provi beim Wegemacher Steine klopfte und Sand siebte, bekam die Spitzin noch im Greisenalter abermals Junge, ihrer vier, von denen drei gleich ins Wasser mußten. Sie konnte kaum eines mehr ernähren, sie war zu alt und zu schwach, und es sah ganz danach aus, als ob sie nicht mehr lange leben sollte. Das Geschäft des Ersäufens übertrug der Vater an jenem Tage seinem Ältesten, dem Anton, und dem machte etwas, das einem anderen Geschöpf wehe tat, dieses Mal kein Vergnügen. Die Spitzin war bissig wie ein Wolf, wenn sie Junge hatte.

„Der Vater fürcht si vor ihr", sagte Anton zu Provi, „drum schickt er mi. Komm mit, halt sie, wenn ich ihr die Jungen nimm, halt ihrs Maul zu, daß s' mi nit beißen kann."

Im Holzverschlag neben dem Ziegenstall, auf einer Handvoll Stroh, lag zusammengeringelt die schwarze Spitzin, und unter ihr und um sie herum krabbelten ihre Kleinen und winselten und suchten mit blinden Augen und tasteten mit weichen, hilflosen Pfötchen.

Die Spitzin hob den Kopf, als die Knaben sich ihr näherten, ließ ein feindseliges Knurren vernehmen, fletschte die Zähne.

„Dummes Viech, grausliches!" schrie Anton und streckte halb zornig, halb ängstlich die Hand nach einem der Hündchen aus. „Halt sie! halt sie! daß s' mi nit beißt!"

Schon recht, wenn s' di beißt, dachte Provi. Es fiel ihm nicht ein, sich um Antons willen in einen gefährlichen Kampf mit der Hündin einzulassen; nur um die eigene Sicherheit war ihm zu tun, und so nahm er seine Zuflucht zu einer Kriegslist, kauerte auf dem Boden nieder und hob mit kläglicher Stimme an: „O die orme Spitzin, no jo, no jo! Ruhig, orme Spitzin, so, so… ma tut ihr jo nix, ma nimmt ihr jo nur ihre Jungen, no jo, no jo!"

Die Spitzin zauderte, knurrte noch ein wenig, doch mehr behaglich jetzt als bösartig. Die Worte, die Provi zu ihr sprach, verstand sie nicht, aber ihren sanften, beschwichtigenden Ton verstand sie, und dem glaubte sie. Was wußte die Spitzin von Arglist und Heuchelei? Ein Mensch sprach einmal gütig zu ihr, so war auch seine Meinung gütig. Sie legte sich wieder hin, ließ sich streicheln, schloß bei der ungewohnt wohltuenden Berührung wie zu wonnigem Schlafe ihr Auge. Die Schnauze steckte sie in Provis hohle Hand und leckte sie ihm dankbar und zärtlich.

„No – also no!" rief er dem Kameraden an: „Pack s' z'amm. Mach gschwind!"

Anton griff zu, und im nächsten Augenblick sprang er auch schon mit drei Hündchen in den Armen aus dem Verschlag, in großen, fröhlichen Sätzen über die Straße, die Uferböschung zum See hinab. Provi folgte ihm eiligst nach; den Hauptspaß, mit anzusehen, wie die Hündchen ertränkt wurden, konnte er sich nicht entgehen lassen.

Es war merkwürdig, daß von nun an die Nachbarschaft der Spitzin dem Provi völlig widerwärtig zu werden begann. Nur schlecht gefügte Bretter trennten seine Schlafstätte von der ihren, und jede Nacht störte sie ihn mit ihrem Gewinsel. Im Kopfe der Alten war ein „Radel laufet" worden, sonst hätte sie doch nach einiger Zeit begriffen: die Jungen sind fort und nie, nie mehr zu finden, und man muß end-

---

[4] impertinent: frech

lich aufhören, nach ihnen zu suchen. Dieses Mal hörte sie nicht auf. Sie mußte von einem Tag zum andern immer wieder vergessen, daß sie gestern schon alle Winkel umsonst durchsucht hatte Sie schnüffelte, sie kratzte an der Tür, scharrte ihr bißchen Stroh auseinander und wieder zusammen, kroch hinter den Holzstoß, drängte sich in die Ecke, in der die Werkzeuge lehnten, warf einmal ein paar Schaufeln um und flüchtete voll Entsetzen. Eine Zeitlang war Ruhe, dann trippelte sie wieder herum und suchte und suchte! Und ihr Trippeln weckte ihn, an dem früher die brüllenden Rinderherden vorübergezogen waren, ohne ihn im Schlafe zu stören. Wenn er schlief, schlief er, verschlief Hunger und Müdigkeit; dazu vor allem brauchte er den bombenfesten Schlaf, um den er plötzlich gekommen war, denn jetzt schrak er auf beim Herumgehen und Schnüffeln der Alten. Und kalte Schweißtropfen liefen ihm über die Stirn in der „Baracken", der den ganzen Tag die Sonne aufs Dach schien und in der es so heiß war, daß es in der Hölle nicht heißer sein kann... Ob das auch mit rechten Dingen zuging, ob nicht etwas Übernatürliches dahintersteckte? Freilich, der Anton sagt, es gibt nix Übernatürliches. Aber der Allergescheiteste ist der Anton am Ende doch nicht, und dem Provi ist manchmal sogar vorgekommen, daß er ein großer Esel ist; was man allerdings nicht sagen darf, ohne furchtbar gedroschen zu werden von ihm und von seinem Vater; Provi weiß das aus Erfahrung.

An den Wegemacherleuten hatte er seine Meister gefunden, die bändigten ihn mit Schlägen und mit Hunger. „Sticht dich der Hafer?" hieß es bei der geringsten Widersetzlichkeit, und von der elenden und ungenügenden Ration zog ihm sein Herr die Hälfte ab.

Jeder andere wäre schon draufgegangen, sagte er sich selbst; er jedoch wollte nicht draufgehen, er wollte noch viel Zeit haben, um den Menschen alles Böse, das sie ihm getan hatten, mit Bösem zu vergelten. Daß es auch einige gab, die ihm Gutes getan hatten, war längst vergessen; und was die Schoberwirtin betraf, die alte Hes, gegen die hegte er einen unversöhnlichen Groll. Warum schenkte sie ihm nichts mehr, sie, die so vieles Geld hatte und so viele Sachen? Sie wußte gewiß nicht, wohin mit ihrem Reichtum, und gab doch nichts umsonst, wollte gebeten werden um ein paar armselige Tropfen Milch. Wie sie ihn ansah, wenn er vorüberging... Förmlich herausfordernd: So bitte doch! – Die Krot, die! Die konnte warten. Einmal hatte sie ihn gar angesprochen: „Du schaust aus! Wie der leibhaftige Hunger schaust aus! Hast noch nicht bitten gelernt?" Er rief ihr ein freches Schimpfwort zu und schritt weiter.

Eine Woche verging. Immer noch hatte die Spitzin sich nicht ganz beruhigt, suchte und schnüffelte immer noch, besonders bei Nacht, in ihrem Verschlage herum. So geschah es, daß sie den Provi einst zu besonders unglücklicher Stunde weckte. Er hatte sich so spät erst auf seiner Lagerstätte aus Hobelspänen und schmutzigem Heu hinstrecken können, weil er noch, nach beendetem Arbeitstage, die Ziegen, die der Wegemacher ins nächste Dorf verkaufte, dorthin hatte treiben müssen. Und auch jetzt kein Ende der verfluchten Plackerei, nicht wenigstens ein paar Stunden ungestörten Schlafes? Die Spitzin scharrte und suchte und suchte, und Provi drohte und polterte mit den Füßen gegen die Bretterwand. Sie gab nach, ein Stück von ihr fiel krachend hinüber ins Bereich der Spitzin. Sie stieß ein erschrockenes Gebell hervor, das Kleine winselte, dann war alles still. „Teixel überanander, wirst jetzt an Fried geben, Rabenviech?" murmelte Provi und legte sich zurecht und zog die Knie bis zum Kinn herauf, denn so „schlief es sich ihm am besten". Aber just jetzt wollte es mit dem Einschlafen nicht gehen, trotz der Stille und trotz seiner Erschöpfung und trotz seiner Schlaftrunkenheit! Allerlei Gedanken kamen einhergeschlichen, ganz neue Gedanken, nie von ihm gedachte. Ja, die Spitzin war ein Rabenviech mit ihrer Sucherei; wenn aber seine

Mutter auch so gewesen wäre wie sie und so rastlos nach ihm gesucht hätte, sie hätte ihn gewiß gefunden; er hatte ja in der Zeitung gestanden, er war angeschlagen gewesen auf dem Bezirksamt. Am End hat sie sich's gar nicht verlangt, ihn zu finden. Die Zigeuner haben ihn am End gar nicht gestohlen, seine Mutter – „die miserabliche!" – hat ihn ihnen am End geschenkt, noch draufgezahlt vielleicht, daß sie ihn nehmen... No jo! Vielleicht wird sie sich seiner geschämt haben, war vielleicht was Hohes, eine Bauerstochter oder eine Wirtstochter... Verfluchter Kuckuck! Wenn sie so eine Wirtstochter gewesen wäre und ihn behalten hätte... Alle Sonntag würde er sich seinen Rausch angetrunken haben, und den Montag hätte er immer blaugemacht und im Wirtshaus und auf der Kegelbahn geraucht, getrunken, gerauft. Ein Götterleben malte er sich aus, als – verfluchtes Rabenvieh! – die Spitzin nebenan wieder anfing zu stöhnen und zu kratzen und ihn aus seinen Träumen riß, die so wonnig gewesen waren. Voll Zorn richtet er sich auf, nahm ein Scheit Holz, trat über die niedergeworfenen Bretter in den Verschlag des Hundes und führte knirschend wuchtige Schläge gegen den Boden, auf dem die Spitzin im Dunkeln ängstlich umherschoß. Er sah nicht, wohin er traf, er drosch zu nach rechts und nach links, vorwärts und rückwärts, und endlich – da hatte er sie erwischt, da zuckte etwas Weiches, Lebendiges unter seinem wütend geführten Hieb. Ein kurzes, klägliches – ein anklagendes Geheul ertönte, gellte grell und förmlich schmerzhaft an Provis Ohr. Es überrieselte ihn. Was für ein seltsames Geheul das gewesen war... No jo – das „Rabenviech" hat jetzt genug, wird Ruh geben, eine Weile wenigstens.

Er kehrte zu seiner Lagerstätte zurück, kauert sich zusammen und schlief gleich ein.

Nach ein paar Stunden erwachte er plötzlich. Die aufgehende Sonne sandte einen feurigen Strahl aus, der ihm durch eine Luke in der Tür des Verschlages und durch die Bresche in der Wand leuchtend rot ins Gesicht blitzte. Er öffnete die Augen und stand auf. Die Spitzin kam ihm plötzlich und recht unbehaglich ins Gedächtnis. Wenn er sie „so" totgeschlagen haben sollte heute nacht, würde der Wegemacher, der keinen Eingriff in sein Eigentum duldete, schwerlich versäumen, ihn selbst halb totzuschlagen. No jo! dachte er und fuhr mit den zehn Fingern durch seine staubigen Haare, um die Heustengel zu entfernen, die sich in ihnen verfangen hatten.

Da rührte sich etwas zwischen den Brettern, da kroch es langsam heran. Die Spitzin kroch heran und schleppte ihr Junges im Maul herbei! Sie hatte es an der Nackenhaut gefaßt und benetzte es mit ihrem Blute; denn es floß Blut aus ihrem Maule, ein dünner Faden, die Brust entlang. Zu Provi schleppte sie ihr Junges, legte es vor ihm nieder, drückte es mit ihrer Schnauze an seine nackten Füße und sah zu ihm hinauf.

Und ihr Auge hatte eine Sprache, beredter als jede Sprache, die die schönsten Worte bilden kann. Sie äußerte ein grenzenloses Vertrauen, eine flehentliche Bitte, und man mußte sie verstehen. Wie das Sonnenlicht durch die geschlossenen Lider Provis gedrungen war, so drang der Ausdruck dieses Auges durch den Panzer, der bisher jede gute Regung von der Seele des Buben ferngehalten hatte.

– „Jo! jo!" stahl es sich von seinen Lippen. Er antwortete ihr, die nun hinfiel, zuckte, sich streckte... die er erschlagen hatte und die gekommen war, ihm sterbend ihr Kleines anzuvertrauen.

Provi zitterte. Eine fremde, unwiderstehliche Macht ergriff ihn, umwirbelte ihn wie ein Sturm. Sie warf ihn nieder, sie zwang ihn, sein Gesicht auf das Gesicht des toten Hundes zu pressen und ihn zu küssen und zu liebkosen. Sie war's, die aus ihm schrie: Jo du! Jo du! – du bist a Muatta gwest! Sein Herz wollte ihm zerspringen, ein Strom von wildem Leid, von quälender Pein durchtobte es und erschütterte es bis auf den Grund. Ein vom himmlischen Schmerze des Mitleids erfülltes Kind wand sich schluchzend auf dem Boden und weinte um die alte Spitzin und weinte über ihr Kleines, das sich an seine Mutter drängte und sie anwinselte und Nahrung suchte an dem früher schon so spärlich fließenden und jetzt gänzlich versiegten Quell.

„'s is aus, da kriegst nix mehr", sagte Provi, nahm das Hündchen in seine Hände, legte es an seine Wange und hauchte es an; es zitterte und winselte gar so kläglich. „Hunger hast, Hunger hast, no jo, no jo!" – Was angangen mit dem anvertrauten Gut? „Verfluchter Kuckuck", wenn doch noch die Ziegen da wären! Er würde eine melken, er tät's trotz der schrecklichen Strafe, die drauf steht. Aber die Ziegen sind fort, und bis ihm jemand im Wegemacherhaus einen Tropfen Milch für einen Hund schenkt, da kann er lang warten. Ins Wasser damit! wird's heißen, sobald sie hören, daß die Spitzin tot ist.

„Ins Wasser kummst!" sagte er zum Hündchen, das etwas von dem guten Glauben der Mutter an ihn geerbt haben mußt; es schmiegte sich an seinen Hals, saugte an seinem Ohrläppchen und klagte ihm seinen Hunger mit Stöhnen und Wimmern.

No jo! – er wußte schon; nur wie zu helfen wäre, wußte er nicht. Was soll er ihm zu essen geben? Um zu vertragen, was er hinunterschlingt, dazu gehört ein anderer Magen, als so ein Kleines hat... Aber – verfluchte Krot – jetzt kam ihm eine Eingebung, jetzt wußte er auf einmal doch, wie zu helfen wäre. Aber – verfluchte Krot! dieses Mittel konnte er nicht ergreifen – lieber verhungern. Der Entschluß saß eisenfest in seinem oberösterreichischen Dickschädel... Freilich dämmerte ihm eine Erkenntnis auf, von der er gestern keine Ahnung gehabt hatte – verhungern lassen ist noch etwas ganz anderes als verhungern. Das Kleine gab das Saugen am Ohrläppchen auf; davon wurde es ja doch nicht satt. In stiller Verzweiflung schlossen sich seine kaum dem Lichte geöffneten Augen, und Provi fühlte es nur noch ganz leise zittern.

Gequält und scheu blickte er zur toten Spitzin nieder. Ja, wenn das Junge leben soll, darf man ihm die Mutter nicht erschlagen. „No, so kumm!" stieß er plötzlich hervor und sprang aus dem Stall in den Verschlag und schritt resolut vorwärts und dem Dorfe zu, biß die Zähne zusammen, daß sie knirschten, sah nicht rechts noch links und ging unaufhaltsam weiter. Noch rührte sich nichts auf den Feldern, erst in der Nähe der Häuser fing es an, ein wenig lebendig zu werden. Ein schlaftrunkener Bäckerjunge schritt über die Straße zum Brunnen, der Knecht des Lohbauers spannte einen dicken Rotschimmel vor den Streifwagen. Aus dem Tor des Wirtshauses kam die alte Magd, von jeher Provis erklärte Feindin. Voll Mißtrauen beobachtete sie sein Herannahen, erhob die Faust und befahl ihm, sich zu packen. Ihn störte das nicht, er ging an ihr vorbei wie einer, der mit dem Kopfe durch die Wand will. Finster und entschlossen, das Kinn auf die Brust gepreßt, trat er durch die offene Küchentür. Die Wirtin, die am Herde stand, wandte sich... „Grad zum Fürchten" sah der Bub aus, und seine Stimme klang so rauh und hatte etwas so Schmerzhaftes, als ob ihr Ton die Kehle zerrisse, durch die er gepreßt wurde: „Schoberwirtin, Frau Schoberwirtin, i bitt um a Müalch."

Das war die Wendung in einem Menschenherzen und einem Menschenschicksal.

*Marie von Ebner-Eschenbach*

– *Wie erklärt ihr euch das Verhalten Provis zu seiner Umwelt?*

– *Wodurch hat sich Provis Verhalten Tieren gegenüber verändert?*

– *Was bedeutet es für Provi, diese Bitte auszusprechen?*

– *Welche Bedeutung kann die Begegnung mit Tieren für Menschen haben?*

## Der Wunsch nach einem Haustier

**Der Tierschutzverein rät:**

Bevor man sich den Wunsch nach einem Tier erfüllt, sollten erst einmal folgende Fragen geklärt werden, um Enttäuschungen zu vermeiden und dem Tier ein ungewisses Schicksal zu ersparen; gleichgültig, ob es sich um einen Wellensittich, eine Katze, ein Zwergkaninchen oder um einen Hund handelt:

1. Welches Tier kann ich auf Grund meiner Wohnverhältnisse aufnehmen?
2. Habe ich genug Zeit, Geduld, mich mit meinem Tier zu beschäftigen?
3. Gestattet es die Hausverwaltung, ein Tier zu halten?
4. Ein Tier wird mehrere Jahre leben. Sind die nächsten Jahre für uns überschaubar, so daß wir gleichermaßen gut für ein Tier sorgen können?
5. Sind alle Familienmitglieder mit einem Tier als Hausgenossen einverstanden?
6. Ein Tier wird – je nach Temperament – seine Art ausleben. Bin ich bereit, für eine gute Erziehung zu sorgen, damit das glückliche Miteinander lange hält?
7. Ist man bereit, ein krankes Tier zu pflegen, auch wenn sich die Krankheit länger hinzieht und von unangenehmen Nebenerscheinungen wie Erbrechen und Durchfall begleitet ist?
8. Bringe ich das Geld für die unbedingt erforderlichen Schutzimpfungen und Tierarztkosten bei Erkrankungen auf?
9. Ist die Unterbringung und Versorgung des Tieres im Urlaub geregelt oder baut man darauf, daß, wenn man das Tier vor der Urlaubsreise aussetzt, sich schon jemand darum kümmern wird?
Das Aussetzen bedeutet den sicheren Tod für das Tier und wird hart bestraft!

Wenn nur eine dieser Fragen nicht zufriedenstellend beantwortet werden kann, so ist es besser, vorläufig auf ein Tier zu verzichten, bis alle Voraussetzungen erfüllt sind.

**Welches Tier darf es sein?**

*Nachfolgende Tiere sind für Kinder geeignet. Sie erfüllen drei Kriterien:*

1. Sie werden in Deutschland gezüchtet. Die Art wird durch den Handel also nicht bedroht.
2. Sie können ohne besondere Erfahrung und Spezialwissen richtig gepflegt werden.
3. Sie sind tagsüber aktiv.

| | |
|---|---|
| **Größere Säugetiere** | Hunde, Katzen |
| **Kleine Säugetiere*** | Mäuse, Ratten, Wüstenmäuse, Meerschweinchen, Zwergkaninchen |
| **Vögel*** | Zebrafinken, Kanarienvögel, Wellensittiche, Nymphensittiche, Rosenköpfchen |
| **Fische** | Goldfische, Kois, Guppies, Schwertträger, Black Mollies, Kardinale, Regenbogenfische, Skalare, Prachtbarben |

\* = Diese Tiere sollten nicht allein gehalten werden.

## Fische, Kriechtiere, Lurche

*Oberste Regel:* Halten Sie sich an die Liste. Das sind die wirklich problemlosen Arten. Kaufen Sie auf keinen Fall Salzwasserfische. Fast alle Meeresfische sind Wildfänge. Aquarien und Terrarien sind nur für ältere Kinder zu empfehlen, denn man kann die Tiere nicht anfassen, sondern lediglich geduldig beobachten. Besonders Kriechtiere (Schlangen, Echsen, Schildkröten) und Lurche (Frösche, Salamander) sind für Kinder ziemlich langweilig. Sie bewegen sich selten, verharren stundenlang und sind an Kontakt zum Menschen nicht interessiert. Wer ein Aquarium oder Terrarium einrichtet, sollte sich gut informieren und sich am besten einen erfahrenen Lehrmeister suchen.

*Wichtig:* Das neue Aquarium drei bis vier Wochen mit Pflanzen, Steinen und aller Einrichtung stehen lassen. Erst dann die Fische einsetzen.

## Mäuse, Ratten, Wüstenmäuse, Meerschweinchen, Zwergkaninchen

Für sie ist es eine Qual, einzeln gehalten zu werden. Mit Ausnahme der intelligenten Ratte vielleicht, die sich manchmal mit einem Menschen zufriedengibt. Also immer wenigstens mindestens zwei Tiere kaufen. Das wirft ein neues Problem auf: Steckt man Männchen und Weibchen zusammen, entstehen bald enorme Platzprobleme. Zwei Männchen dagegen bekämpfen sich. Es gibt aber einen Ausweg: Weibchen aus dem gleichen Wurf vertragen sich zumeist.

Mäuse, Ratten und Wüstenmäuse brauchen viel Beschäftigungsmaterial: Zweige, Heu, Klettergestelle, Mäuseburgen. Wüstenmäuse sind übrigens eine prima Alternative zum Goldhamster. Sie haben einen dreistündigen Schlafrhythmus. Man bekommt sie also tagsüber oft zu sehen. Auch einfache Mäuse sind tagaktiv und überaus unterhaltsam. Nur Tanzmäuse sollten Sie nicht kaufen. Diese armen Wesen „tanzen" (besser gesagt: taumeln), weil ihr Gleichgewichtsorgan kaputtgezüchtet wurde.

Meerschweinchen und Zwergkaninchen müssen Auslauf haben, am besten in einem kleinen Gehege im Garten.

## Tierhaltung

**Wellensittiche, Nymphensittiche, Rosenköpfchen, Kanarienvögel, Zebrafinken**

Auch Vögel fühlen sich nur in Gesellschaft wohl. Einem Wellensittich nützt ein Plastik-Spielkamerad nichts, und ein Spiegel treibt ihn in den Wahnsinn, denn er hält ihn für ein reales Gegenüber. Nur ein Artgenosse bewirkt, daß dieser ausgeprägt soziale Schwarmvogel sich wohl fühlt. Rosenköpfchen gehen ohne Partner ein. Das verrät schon ihr deutscher Gattungsname: Unzertrennliche (Agapornis).

Vögel müssen fliegen. Sie sollten mindestens einmal am Tag Gelegenheit dazu haben. Also: Fenster zu und Käfig auf.

Vögel mögen nicht ständig Fertigfutter essen, sie wollen auch Grünzeug. Wellensittiche lieben es, sich an einem nassen Salatblatt die Federn zu befeuchten. Mit Vogelbädern können sie meist wenig anfangen.

Achten Sie beim Kauf auf den Ring am Fuß. Er weist nach, daß der Vogel aus einer genehmigten Zucht stammt.

**Hunde**

Hunde sind in der Regel gute Spielkameraden für Kinder. Sie sollten jedoch an der Erziehung des Hundes aktiv teilnehmen. Früher oder später wird es ohnehin Ihr Hund sein. Denn Hunde werden bis zu 15 Jahre alt, eine Zeitspanne, in der die Kinder ihre Interessen mehrfach wechseln.

**Katzen**

Wenn Sie einen Garten haben, ist die Katze das ideale Tier für Kinder. Katzen sind selbständig, benötigen nicht viel Pflege und machen Kindern sehr deutlich, was sie mögen und was nicht. Von einer Katze lernt ein Kind am leichtesten, Tiere zu respektieren. Im Gegensatz zum Hund besteht kaum Gefahr, daß eine Katze ein Kind ernsthaft verletzt. Achten Sie darauf, daß junge Katzen nicht als lebende Puppen mißbraucht werden.

Drei Dinge sollten Sie noch wissen, bevor Sie eine Katze kaufen:
- Wenn Sie keinen Garten haben, verzichten Sie auf eine Katze. Katzen, die man in Wohnungen einsperrt, werden bestenfalls unglücklich, schlimmstenfalls neurotisch.

- Lassen Sie Ihren Kater kastrieren. Sonst sind Sie mitschuldig am Elend der zahlreichen überschüssigen Katzen, die die Tierheime bevölkern.

- Kaufen Sie im Gartengeschäft Nagelmanschetten für Ihre Bäume, die Katzen am Klettern hindern. Die Singvögel danken es Ihnen. Untersuchungen in England zeigten, daß dort jedes Jahr zwischen 20 und 35 Millionen Vögel Hauskatzen zum Opfer fallen. Im australischen Landkreis Sherbrooke ist es wegen des dortigen Vogelschutzgebietes sogar verboten, Katzen frei laufen zu lassen.

Danke, daß Sie durchgehalten haben. Jetzt wissen Sie so ziemlich alles, was gegen ein Haustier spricht. Sie werden zugeben, es ist eine ganze Menge.

Und jetzt atmen Sie tief durch und gehen Sie los, um Ihrem Kind endlich ein Tier zu kaufen. Widerstand ist ohnehin zwecklos. Kinder sind im Verfolgen ihrer Interessen unerbittlich (ähnlich wie Tiere übrigens). Versuchen Sie, ein paar Regeln zu beachten, im Interesse der Kinder und des Tieres. Sie wissen ja: Gerade die Dinge, über die man sich am meisten ärgert, sind die, die später den besten Stoff für Anekdoten hergeben.

## Der Goldhamster auf einen Blick

Erst seit kurzer Zeit hat der Goldhamster Einzug in Deutschlands Wohn- und Kinderzimmer gehalten. Ihm sind noch viele Verhaltensweisen eigen, die auch bei den Wildformen zu finden sind:
- Er ist ein ausgesprochen nachtaktives Tier.
- Er schläft fast den ganzen Tag über.
- Er besitzt ein enormes Laufbedürfnis.
- Er wird nur 2 bis 3 Jahre alt.

## Das heißt:

- Ein Goldhamster ist nicht das richtige Haustier für Kinder, die gerne tagsüber mit dem Tier spielen wollen.
- Eine artgerechte Haltung ist nur bedingt möglich. In der Regel hat der Hamster nicht die Möglichkeit, Höhlengänge anzulegen, und sein Laufbedürfnis kann im Käfig nur in unnatürlicher Weise durch ein Laufrad befriedigt werden.

Intensive, tägliche Betreuung in den Abendstunden kann diesen für das Tier sehr wesentlichen Mangel zwar etwas ausgleichen. Doch jeder Tierfreund sollte sich überlegen, ob er ein Tier halten möchte, dessen arteigene Bedürfnisse in Gefangenschaft so wenig befriedigt werden können. Jeder, der einen Goldhamster erwirbt, trägt schließlich dazu bei, daß weitere Tiere gezüchtet und in unnatürlicher Art und Weise gehalten werden.

# Tierhaltung

## Die Haltung von Hunden

Jeder, der sich einen Hund hält, muß sich darüber im klaren sein, daß er Verantwortung für ein Lebewesen übernommen hat, das ganz und gar von uns abhängig ist; ein Lebewesen, das Aufmerksamkeit, Pflege, Fürsorge, Opferbereitschaft und Geduld benötigt.

Deshalb sollte jeder Hundeliebhaber vor dem Hundekauf folgende Fragen stellen:
- Welcher Hund paßt zu mir und meinen Wohnverhältnissen?
- Kann ich ihm in der Stadt genügend Auslauf bieten?
- Bringe ich die nötige Geduld und Zeit auf für einen Hund?
- Gestattet es die Hausverwaltung, einen Hund zu halten?
- Bringe ich das Geld für Futter, Steuern und Tierarzt auf?
- Kann ich auch in zehn Jahren noch gleichermaßen gut für meinen Hund sorgen?
- Sind alle Familienmitglieder mit einem Hund als Hausgenossen einverstanden?
- Ist die Unterbringung und Versorgung des Hundes im Urlaub geregelt?

Wenn nur eine Frage mit „nein" beantwortet werden muß, so ist es im Interesse des Tieres besser, auf einen Hund zu verzichten.

Wer sich aber dank guter Voraussetzungen einen Hund halten kann, wird viel Spaß und Freude mit seinem Tier haben.

## Abstammung

Der Hund, wahrscheinlich das erste Haustier des Menschen, stammt mit Sicherheit vom Wolf ab. Andere Annahmen, die jedoch nicht bestätigt sind, sagen auch, daß der Hund mit dem Schakal und dem Fuchs verwandt und ein direkter Ahne eines wahrscheinlich noch unbekannten, schon lange ausgestorbenen Wildhundes wäre. Gezüchtet werden Hunderassen in Deutschland seit etwa 150 Jahren.

## Haltung

a) *Was braucht der Hund?*
Der Hund benötigt einen Freßnapf, eine Wasserschale, Schlafkorb, Haarbürste, Halsband, Leine und Spielzeug.

b) *Schlafplatz*
Als Schlafplatz dient ein leicht zu reinigender, zugfreier, ungestörter Platz in der Wohnung. Am besten ein flacher Korb mit einer Decke oder mit einem Kissen samt waschbarem Überzug. Auf keinen Fall darf der Hund ständig auf Steinboden liegen; Erkältungskrankheiten können die Folge sein.

c) *Baden*
Der Hund soll nur dann mit einem milden Spezialshampoo gereinigt werden, wenn er stark verschmutzt ist. Jedes Wasserbad entfettet die Hundehaare, die dann um so schneller wieder Schmutz aufnehmen.
Manche Hauterkrankungen sind Folgeerscheinungen eines zu häufigen Badens. Genauso schädlich für Fell und Haut des Hundes ist das ständige Tragen sogenannter Hundekleider und -schuhe.

d) *Auslauf*
Der Hund als Lauftier verspürt immer den Drang, herumzurennen. Deshalb braucht der Hund viel Bewegung während des Spaziergangs und muß einmal täglich auch mal herumtoben können.
Dadurch werden Muskeln und Organe gekräftigt; der Hund ist widerstandsfähiger und ausgeglichener. Bei zuwenig Auslauf kommt es häufig zu ungesundem Übergewicht und bei älteren Hunden zu Herzmuskelschäden.
Damit der Hund sein „großes" und „kleines" Geschäft machen kann, sollte er etwa viermal täglich ausgeführt werden. Man muß dem Tier draußen seine Zeit gönnen, damit es ausgiebig schnuppern und sein Revier markieren kann.
Auf keinen Fall darf der Hund sein „Geschäft" auf Kinderspielplätzen, z. B. im Sandkasten oder auf Bürgersteigen, erledigen. Dies ist unhygienisch und stellt ein Ärgernis für die Mitmenschen dar. Passiert trotz aller Vorsichtsmaßnahmen das „Malheur" dennoch mal auf dem Bürgersteig, so kann man das „große Geschäft" z. B. mit einer kleinen Schaufel in einer Plastiktüte verstauen. Auf Kinderspielplätzen haben Hunde nichts zu suchen.

## Wo kauft man einen Hund?

Es ist ganz und gar nicht nötig, ein wirklich reinrassiges Tier zu kaufen.
An einem Hundemischling hat man oft viel mehr Freude. Ein Mischlingshund ist häufig viel lebendiger, intelligenter, lustiger, widerstandsfähiger als ein hochgezüchteter Vertreter einer Moderasse. Deshalb sollte vor dem Hundekauf der erste Weg ins **Tierheim** führen. Dort warten liebe Hunde, manchmal auch reinrassige, auf ein neues Zuhause.
Die Tiere sind billiger als Hunde, die in Zoohandlungen oder bei Züchtern erworben wurden und meist auch gesünder, weil alle Tiere garantiert geimpft sind und vom Tierarzt laufend beobachtet werden.
Wer einem solchen Hund ein neues Heim gibt, dem ist die Dankbarkeit und Treue dieses Tieres sicher.

## Tierhaltung

**Lieben heißt loslassen können**

Vater hatte nicht viele Grundsätze, aber einer seiner wenigen war, daß man nett sein müsse zu Tieren. Er war nie übertrieben freundlich zu ihnen, und die Tiere gaben sich eigentlich auch keine besondere Mühe; es war mehr eine Art gegenseitigen Geltenlassens: Die Tiere und Vater maßen sich mit skeptischen Blicken, zuckten die Schulter und gaben zu erkennen, man könne es ja einmal miteinander versuchen.

Das erste Tier, das Vater mir schenkte, ist ein Laubfrosch gewesen, der Theodor hieß. Theo war nackt und hellgrün, und räusperte sich jemand im Zimmer, dann quakte er, und das klang, als würden in einem Blechsieb Erbsen durcheinandergeschüttelt. Vater ahmte sein Quaken aber auch nach, und bald beherrschte er es derart vollkommen, daß sich die beiden, besonders vorm Einschlafen nachts, oft regelrecht unterhielten.

Ich mochte Theo sehr gern, er war so wunderbar glatt, und vor allem konnte er mit Hilfe seiner Saugnäpfe an der Scheibe kleben, fester noch als ein Kaugummi; nur sein Kehlsack vibrierte dann sanft, und in seinen goldenen Augen spiegelte sich der Gazedeckel des Einmachglases gewölbt wie ein Sternhimmel wider.

Die Fliegen, die Theo verzehrte, fingen wir an der sonnendurchwärmten Friedhofsmauer für ihn; aber manchmal besorgte ihm Vater auch einen Kohlweißling. Hatte Theo ihn endlich geschluckt, wirkte er um den Kopf herum wie ein Engel. Die jungfräulich weißen Flügel standen ihm oft noch eine Viertelstunde danach aus dem Maul, und Theo sah immer unglaublich erstaunt, allerdings auch ebenso unschuldig drein, wenn er mit einem seiner Vorderfüße versuchte, die Flügel beiseite zu wischen.

Einmal hatte ich Angst, weil Vater abends nicht kam; da nahm ich das Einmachglas, in dem Theo saß, mit ins Bett, um Gesellschaft zu haben.

Am Morgen darauf war Theo erstickt.

Vater schob es den Engeln in die Schuhe. „Sie haben sich wegen der Kohlweißlinge gerächt", sagte er.

„Aber es hätte doch genügt", schluchzte ich, „sie sagen es einem!"

„Lehr du mich die Engel kennen", sagte Vater verbissen.

Trotzdem, es hat lange gedauert, ehe ich wieder einem Frosch in die Augen sehen konnte, ohne zu schlucken.

Kaum jedoch war der Trauermonat für Theo um, da kam Vater mit einem Igel nach Hause. Er hatte ihn wohl schon vorher gefangen, doch aus Pietätsgründen erst noch im Museum in seinem Arbeitszimmer versteckt. Wir nannten ihn Herr Kuwalek, und er wohnte im untersten Fach von Vaters Schreibtisch, zu dem ein schräggestelltes Hackbrett hinaufführte.

Herr Kuwalek aß Mistkäfer, Cremeschokolade, Schuhwichse, Gulasch, Briefmarken, Regenwürmer, Pelikanol, Küchenschaben, entkernte Pflaumen, weiße Mäuse und einmal auch einen großen Radiergummi, allerdings einen weichen von Faber. Am liebsten trank er Milch und schal gewordenes Bier, doch auch kalten Bohnenkaffee schlürfte er gern.

Tags schlief er; nachts raste er rasselnd und schnaufend durchs Zimmer und auf den Balkon, wo wir ihm mit Rasensoden, Wegerichstauden und Moos ein Stück Wiese nachgemacht hatten.

Daß Herr Kuwalek Flöhe hatte, merkten wir erst verhältnismäßig spät. Sofort meldete Vater sich krank, und wir bereiteten eine milde Lysollauge* zu; in der

---
\* chemische Lösung zur Desinfektion

ließen wir Herrn Kuwalek, sorgsam darauf bedacht, daß ihm nichts in den Mund kam, dann schwimmen. Das Gesicht, das er hierbei machte, vergesse ich nie.

Bis dahin war er eigentlich leidlich gut auf uns zu sprechen gewesen, und Blutwurst fraß er Vater zum Beispiel schon aus der Hand. Doch von nun an war mit jeder Vertraulichkeit Schluß. Er würdigte uns, obwohl doch all seiner Flöhe entledigt, jetzt auch nicht mehr des flüchtigsten Blicks. Nach außen hin tat er zwar so, als wäre nichts weiter passiert, aber wir merkten sehr wohl, diese Lysollaugenaffäre hatte sein Vertrauen zu uns endgültig erschüttert. Was blieb uns übrig, als ihn wieder hinaus an seinen Feldrain zu bringen? Wir mochten uns nicht an etwas amüsieren, das sich nicht auch amüsierte.

Ein andermal kam Vater mit einer jungen Schleiereule nach Hause. Wir nannten sie Hulda und klemmten ihr einen Besenstiel zwischen zwei Bücherregale. Dort saß sie im Schatten ihrer Verachtung und blickte durch uns hindurch.

Hulda fraß kleingeschnittenes Fleisch, das man ihr mit Sand oder Federn bestreuen mußte, und nachts balancierte sie flügelschlagend und schnabelknappend auf dem Schreibtisch umher und versuchte im Mondschein, die andere Schleiereule kennenzulernen, die sie aus Vaters Rasierspiegel ansah.

Frieda, Vaters Freundin, wurde von Hulda gehaßt; jedesmal, wenn sie kam, sauste ihr Hulda ins Haar.

Vater sagte, eine bessere Charakterprobe sei gar nicht denkbar; und wirklich hat uns Frieda, solange wir Hulda hatten, dann auch nicht mehr besucht.

Wir ließen immer das Fenster auf, denn Hulda sollte Gast und nicht Gefangene sein; doch irgendwie muß es ihr auch wieder bei uns gefallen haben. Denn jedesmal, wenn der Morgen dämmerte, saß sie, ohne von dem offenen Fenster angeregt worden zu sein, pikiert und mit leicht heruntergezogenen Schnabellefzen auf ihrem Besenstiel, und unter ihr war in ätzend weißen Hieroglyphen der Ausdruck ihrer Verachtung zu lesen.

Als Hulda annähernd ein halbes Jahr alt war, packte Vater sie ein, fuhr drei Stunden weit weg und ließ sie dann fliegen.

Am Morgen darauf saß sie wieder pikiert und mit leicht heruntergezogenen Schnabellefzen auf ihrem Besenstiel.

Das rührte uns sehr. Doch wir mußten hart bleiben jetzt; sie sollte ja lernen, sich ihre Beute allein zu besorgen. Vier Tage lang strafte sie unsere hartnäckige Weigerung, ihr etwas zu essen zu geben, mit ihren zornig hingekleckstenn Ausrufezeichen. In der fünften Nacht warf sie erbittert das Tintenfaß um und flog weg.

Vater hatte ihr einen Aluminiumring der Vogelwarte ums Bein geknipst. Sechs Jahre später bekam er ihn von der Vogelwarte zurück. Die Leute da hatten ihn aus einem Dorf in Schweden erhalten. Dort war der Blitz in eine Kapelle gefahren, unter den verkohlten Meßgewändern und Fahnen, hieß es, habe der Küster auch ein Vogelgerippe gefunden, und das hätte diesen Ring hier getragen.

Aber das aufregendste Wesen, das wir jemals gehalten haben, ist wohl doch Lilith gewesen.

Lilith war eine Kreuzotter. Wir kamen im Spandauer Stadtforst gerade dazu, wie Pilzsucher sie totschlagen wollten.

Vater bugsierte sie in eine Papiertüte, und zu Hause richteten wir ihr unser altes Terrarium ein, hängten eine Solluxlampe** darüber und setzten Lilith hinein. Da sie

---
** Rotlichtlampe zur Bestrahlung

noch ihre Giftzähne hatte, behandelten wir sie mit großem Respekt. Das war nicht immer ganz einfach, denn um ihr zu fressen zu geben, mußte man ja notgedrungen auch den Terrariendeckel anheben. Doch sie schien behalten zu haben, daß wir ihr das Leben gerettet hatten; sie rührte sich kaum.

Tagsüber lag sie meistens im wärmenden Schein ihrer künstlichen Sonne und züngelte träg; nachts allerdings fing sie an, lebendig zu werden. Pausenlos kroch sie in ihren Schlingpflanzen herum, und wenn man den Atem anhielt, konnte man hören, wie ihr Leib an den Blättern entlangglitt.

Wir hatten nur ein Zimmer und einen Balkon, denn wir wohnten möbliert; und als wir eines Morgens einmal erwachten, da war der Deckel von Liliths Terrarium verrutscht, und Lilith war weg.

Sechs Stunden so etwa lagen wir steif wie die Mumien. Vater wußte mit Schlangen ein bißchen Bescheid. „Das erste", flüsterte er, ohne die Lippen zu bewegen, „was sie in so einem Fall wie unsrem hier tun: sie suchen die Bettwärme auf." Endlich, gegen Mittag, sahen wir sie. Sie kam vom Balkon, wo sie sich ein wenig gesonnt haben mochte. Zynisch züngelnd schob sie sich zwischen unseren Betten hindurch, kroch an dem Tischchen hoch, auf dem das Terrarium stand, stieg mit tänzelndem Kopf über die Kante und glitt dann lächelnd hinein.

Ich war damals erst acht; aber an diesem Tag stiftete mir Vater ein Bier.

Da war Heinrich ja anders.

Heinrich stammte aus dem Oranke-See und ist ein Stichling gewesen. Wir hatten ihn gute anderthalb Jahre, und er war schließlich so zahm, daß man nur an die Aquariumscheibe zu klopfen brauchte, und er kam angeschwommen.

Einmal setzte ihm Vater eine Stichlingsdame dazu, die wir Lukretia tauften.

Heinrich war so außer sich vor Freude über Lukretias Besuch, daß er wie wahnsinnig im Bassin hin und her schoß und einen Satz tat und rausprang.

Wir suchten ihn fast eine Dreiviertelstunde im Zimmer.

Endlich fanden wir ihn. Er lag, völlig in Staub eingerollt, in einer Dielenritze und rührte sich nicht.

Vater machte gleich eine Streichholzschachtel leer und polsterte sie mit Watte und wollte Heinrich hineinlegen und ihn beisetzen gehen. Aber ich bestand darauf, ihn, sozusagen probehalber, noch einmal ins Aquarium zu setzen.

Und richtig: Heinrich entwölkte sich, drehte sich von der Rücken- in die Bauchlage um, schnappte zögernd nach Luft, schrieb mit der Schwanzspitze einen graziösen Schnörkel ins Wasser und ließ sich beseligt neben Lukretia auf den Sandboden sinken.

Aus Dankbarkeit für seine Errettung haben wir den beiden noch am selben Tag die Freiheit wiedergegeben.

Nein, es fiel uns nicht leicht, uns von Heinrich zu trennen. Aber Vater hatte sicherlich recht: Je inniger man sich mit etwas verbunden fühle, behauptete er, desto freudiger müsse man es auch übers Herz bringen, sich von ihm zu lösen. „Lieben", sagte Vater, „heißt loslassen können, ob es sich dabei um Heinriche handelt oder Lukretien."    *Wolfdietrich Schnurre*

– *Prüft nach, ob die Tiere, die der Vater angeschleppt hat, den Empfehlungen des Tierschutzvereins entsprechen!*

– *Paßten diese Tiere zu Vater und Sohn? – Prüft die Überschrift!*

Der Deutsche Tierschutzbund e.V. dient dem Schutze der gesamten Tierwelt. Er setzt sich für die Erhaltung der Natur und damit für den Artenschutz ein. Der Naturschutz ist vom Tierschutz nicht trennbar.

Neben vielen anderen verfolgt der Deutsche Tierschutzbund folgende Ziele und Aufgaben:

1. Pflege und Förderung des Tier- und Naturschutzgedankens.
2. Weiterbildung des deutschen Tier- und Naturschutzrechtes.
3. Alle Tiere, Haustiere wie freilebende, vor Grausamkeit zu schützen.
4. Haustieren eine gute Pflege und Unterkunft zu gewähren.
5. Die tierquälerische Massentierhaltung bei Geflügel und Masttieren zu verbieten (keine Legebatterien von Hennen in Käfigen, keine Kälbermast in Kistenverschlägen, keine Schweine an Ketten in Dunkelställen!).
6. Abschaffung von Tierversuchen. Ersatz von Tierversuchen durch Forschung an schmerzloser Materie.
7. Qualvolle Tiertransporte zu Lande, zu Wasser und in der Luft zu verhindern und den Transport von Schlachttieren auf den kürzesten Weg vom Herkunftsort zum Schlachthof zu beschränken.
8. Schlachtung aller Tiere ausnahmslos unter ausreichender Betäubung.
9. Keine Überforderung von Tieren bei Sport und Dressuren. Kein Mißbrauch von Tieren bei Schaustellungen.
10. Kampf gegen Vogelmord und Artenvernichtung aller Art.
11. Kampf gegen Tiermißhandlungen in anderen Ländern (Stierkampf, Robbenschlagen, Hahnenkämpfe, Hundeschlächterei).
12. Ausreichende bessere Tierschutzgesetze in allen Ländern.
13. Erziehung in Schule, Elternhaus und Kirche zur Humanität allen Geschöpfen gegenüber.
14. Verbreitung des Tierschutzgedankens in Wort, Schrift und Bild.
15. Der Deutsche Tierschutzbund e.V. unterhält zur Erfüllung seiner Aufgaben und Zielsetzungen eine Akademie für Tierschutz. Die Akademie ist eine Einrichtung des Deutschen Tierschutzbundes e.V.

*Tiertransporte*

## Wer ist verantwortlich?

# Wer ist verantwortlich?

Huhn

Frühstücksei

Lebensraum

## Wer ist verantwortlich?

**Was sagt das Tierschutzgesetz?**

„Wer ein Tier hält, betreut oder zu betreuen hat, muß dem Tier angemessene artgemäße Nahrung und Pflege sowie eine verhaltensgerechte Unterbringung gewähren, darf das artgemäße Bewegungsbedürfnis eines Tieres nicht dauernd und nicht so einschränken, daß dem Tier vermeidbare Schmerzen, Leiden oder Schäden zugefügt werden."

So fordert es § 2 des Deutschen Tierschutzgesetzes, das 1972 von allen Parteien einstimmig verabschiedet wurde.

**Gelten deutsche Gesetze nur dann, wenn keine wirtschaftlichen Interessen berührt werden?**

**Wie sieht die Käfighaltung aus?**

- Vier bis sechs Hennen in Käfigen von 40 × 45 cm während der gesamten Legeperiode (12 bis 15 Monate).
- Der Lebensraum je Henne entspricht nicht einmal der Größe einer Schreibmaschinenseite.
- Dünner, schräger Drahtrost als Käfigboden.
- Nur Kunstlicht zur Erreichung möglichst hoher Legeleistung.

**Sichtbare Schäden an Legehennen durch die Käfighaltung**

- Gliedmaßen- und Flügelverletzungen,
- abgebrochene Federn, vor allem im Halsbereich,
- das Gefieder ist durch die ständige Reibung an den Gitterstäben oder Käfiggenossinnen und durch gegenseitiges Federpicken lückenhaft und unansehnlich,
- gerötete Hautstellen,
- geschwollene Fußballen, bedingt durch den ständigen Aufenthalt auf schrägem Drahtgitterboden,
- Verletzungen der Artgenossinnen auf Grund der Enge in den Käfigen.

Die Legeleistung von durchschnittlich 246 Eiern je Huhn und Jahr ist kein Beweis für das Wohlbefinden und die Beschwerdefreiheit der Legehennen, sondern das Ergebnis einer ausgeklügelten Zucht und Fütterung. Hier liefert die Verhaltensforschung bessere Hinweise.

**Der Deutsche Tierschutzbund e.V. fordert ein Verbot der Käfighaltung von Legehennen**

- Die Eierproduktion gehört nicht in die Hände von Industriebossen, sondern ausschließlich in die des Landwirts.
- Die Rechtsverordnung über die Haltung von Legehennen ist unverzüglich im Sinne der klaren Forderung des Tierschutzgesetzes zu verabschieden.

- Neue Käfighaltungen dürfen nicht mehr zugelassen werden.
- Während einer Übergangszeit von 5 Jahren dürfen vorhandene Käfige nur noch mit höchstens zwei Hennen besetzt werden.
- Während der Übergangszeit sind Eier aus Freiland- und Bodenhaltung als solche zu kennzeichnen.

**Wir sehen als Alternativen**

Die Auslaufhaltung (15 bis 20 qm Freilandfläche je Henne) kommt der verhaltensgerechten Unterbringung am nächsten. Wegen der hohen Produktionskosten pro Ei in der Auslaufhaltung erscheint die Bodenhaltung in ganzjähriger Stallhaltung als Kompromiß vertretbar. In einem solchen Stall befinden sich Sitzstangen, Legenester und eine Scharrfläche. So können einerseits die berechtigten Forderungen des Legehennenhalters nach wirtschaftlicher Rentabilität berücksichtigt werden, andererseits – und dies ist weit wichtiger – ist es dem Huhn möglich, sich in etwa seiner Natur entsprechend zu verhalten.

**Die Produktion des einzelnen Eies wäre höchstens drei Pfennige teurer. Wären Sie nicht bereit, diesen Mehrpreis zu zahlen, wenn Sie wissen, daß dadurch den Legehennen Leid und Qualen erspart bleiben?**

**Was können Sie tun?**

- Verzichten Sie auf Eier aus Käfighaltung.

- Fragen Sie beim Einkauf nach Eiern aus Bodenhaltung.

- Erklären Sie sich bereit, etwas mehr Geld für Eier auszugeben, wenn diese nicht von Hennen aus der Käfighaltung stammen. Alles ist teurer geworden, nur Eier nicht (Brötchen früher 7 Pfennig – heute 35 Pfennig).

- Machen Sie Bekannte und Verwandte auf die Mißstände in der Legehennenhaltung aufmerksam.

- Protestieren Sie bei Politikern (Landtags- und Bundestagsabgeordneten) gegen die Käfighaltung von Legehennen.

– *Welche Parteien stehen sich bei diesem Konflikt gegenüber? Welche Interessen haben sie jeweils?*

– *Untersucht beim Einkauf, ob es überall Eier aus Bodenhaltung gibt! Sprecht mit dem Ladenbesitzer oder Filialleiter!*

– *Der Verbraucher wird gefragt, ob er bereit sei, einen Mehrpreis zu zahlen, wenn er weiß, daß dadurch Legehennen Leid und Qual erspart bleiben. Was meint ihr dazu?*

# Natur als Schöpfung

### Der Mensch als Teil der Schöpfung – Biblische Schöpfungsgeschichten

Alle Völker der Erde erzählen auf ihre Weise die Erschaffung der Erde. Seit es Menschen gibt, haben sie darüber nachgedacht, woher sie kommen. Wenn wir die Bibel aufschlagen, so finden wir gleich im ersten Buch des Alten Testaments Geschichten über die Anfänge der Welt und die Menschheit. Keine dieser Geschichten ist eine naturwissenschaftliche Beschreibung der tatsächlichen Vorgänge. Wir wissen, daß die Entstehung der Erde und die Entwicklung des Lebens viele Millionen Jahre gedauert hat. Die Verfasser dieser Schöpfungsgeschichte lebten ca. 500–1000 Jahre v. Chr. Geburt. Sie haben in Bildern dargestellt, daß sie an Gott glaubten, daß alles auf der Welt – die Landschaften, die Tiere, die Menschen – einmal mit Gott angefangen hat. Sie staunten über die Schönheit der Natur und wollten in ihrer bilderreichen Sprache dafür Gott preisen und danken.

*I*rgendwann vor langer Zeit wollte Gott, daß unsere Welt entsteht. Es gab all das noch nicht, was wir heute sehen. Weder Sonne noch Mond und auch nicht die Erde, auf der wir leben. Gott wollte es, daß irgendwo Menschen leben können, die an ihn denken und für die er sorgen wollte. So schuf Gott die große weite Welt.

Er sprach einfach nur aus, was ihm in seinen Gedanken gut schien, und dann wurde es so. Und Gott sah dann, daß es gut war. Zuerst sagte Gott in den dunklen Weltenraum hinein: Licht soll die Welt hell machen. Damit nahm alles seinen Anfang. Es wurde hell. Aus der dunklen Nacht wurde heller Tag.

Und dann entstand die Erde. Sie sah zunächst nicht so aus wie heute. Sie sah aus wie ein großer Matschklumpen. Gott ließ auf der Erde das Wasser zusammenlaufen. Da entstanden die Flüsse und das Meer, und das Land trocknete allmählich.

Gott hatte sich die Welt so vorgestellt, daß am Tag die Sonne auf die Erde scheinen soll. Alles sollte warm und hell sein.

In der Nacht sollte es aber auch nicht ganz dunkel sein. Der Mond und die Sterne sollten leuchten, so daß man sich auch in der Nacht zurechtfinden kann.

Alles wurde so, wie Gott es sich gedacht hatte. Und Gott wollte, daß die Erde voller Leben ist. So ließ er es regnen und dann wieder die Sonne scheinen.

Da wuchsen Pflanzen, Blumen und Bäume. Und er gab ihnen soviel Lebenskraft, daß an ihnen Früchte wachsen mit Samenkörnern, die selbst wieder die Lebenskraft haben, eine Pflanze zu werden.

Nun konnten auf der Erde auch Tiere leben. Im Wasser entstanden Fische. Dann flogen Vögel durch die Luft und auch Bienen und bunte Schmetterlinge. All die vielen Tiere ließ Gott jetzt entstehen. Auch auf dem Land gab es jetzt Tiere. Würmer und Schnecken, Schildkröten und Hunde, Giraffen und Elefanten.

Und alle Tiere bekamen immer wieder Junge, so daß es immer mehr wurden.

Gott sah, wie schön alles war, was er geschaffen hatte, und er wußte, daß nun die Menschen alles haben würden, was sie zum Leben brauchen.

Nun ließ Gott die ersten Menschen entstehen, einen Mann und eine Frau.

Gott hatte die Menschen so geschaffen, daß sie mehr denken und fühlen können als all die Tiere. Die Menschen sollten sprechen können, miteinander, aber auch mit Gott.

Sie sollten später auf der Erde vieles bauen und gestalten. Gott wollte, daß diese Menschen dafür sorgen, daß alles in dieser schönen Welt voller Liebe und Frieden bleibt. So sagte er zu den Menschen: „Ich vertraue euch diese Welt an, euch und euren Kindern und all den Menschen, die später einmal geboren werden. Für euch habe ich diese Welt geschaffen. Eßt von den Früchten und sorgt für die Pflanzen und die Tiere."

Gott freute sich nun, daß die Welt so schön war, die er geschaffen hatte.

– *Überlegt: Wem verdankt nach dieser Geschichte die Welt ihr Dasein? Auf welche Weise wird die Welt dargestellt? Wie ist ihre Ordnung zu bewerten?*

– *Für wen scheint diese Welt geschaffen worden zu sein? Wer ist eurer Meinung nach für die Welt verantwortlich?*

## Prometheus

Zu allen Zeiten haben sich die Menschen Gedanken über die Entstehung des Menschengeschlechts gemacht. In der Prometheus-Sage erfahren wir, wie sich die Griechen in der Antike die Erschaffung des Menschen vorstellten.

Einstmals gab es noch keine Götter, es gab nur Himmel und Erde als Eltern riesiger Titanen. Die aber beherrschten die Welt, bis ihre Kinder, die Götter, sie stürzten. Zeus wurde Gebieter des Weltalls und Hera, seine Gattin und Schwester, Herrin des Himmels.

In den Gewässern spielten die Fische, in den Lüften sangen freudig die Vögel, der Erdboden wimmelte rings von kleinen und großen Tieren. Noch aber fehlte das Wesen, dessen Geist die Erde beherrschen sollte. Einer aus dem alten Geschlecht der Titanen, Prometheus, dessen Name „Vorbedacht" bedeutet, ersann, voll kluger Erfindung, dieses Geschöpf, den künftigen Herrn der Erde.

Prometheus eilte vom Himmel herab, nahm Ton, mit Wasser gemischt, knetete und formte ihn nach dem Ebenbilde der Götter. Aufrecht stehen ließ er sein Werk, denn es sollte hinaufschauen zu den Sternen, den Blick nicht zur Erde gesenkt wie die Tiere. Von ihrem Wesen entlieh er mancherlei Eigenschaften, gute wie böse, und belebte den Menschen damit. Athene aber, der Weisheit Göttin, blies dem halbbeseelten Bilde den Geist, den göttlichen Atem, ein.

Also entstanden die ersten Menschen, und sie erfüllten bald den weiten Erdraum. Hilflos wußten sie nicht, der Schöpfung sich zu bedienen. Unbekannt war ihnen die Kunst, Steine auszugraben und zu formen, aus Lehm Ziegel zu brennen, aus dem gefällten Holze des Waldes Balken zu zimmern und Häuser zu bauen. Sie verkrochen sich unter die Erde in sonnlose Höhlen. Planlos vertaten sie ihre Zeit. Da nahm Prometheus sich seiner Geschöpfe an und unterwies sie in allen Bequemlichkeiten und Künsten des Lebens. Wie aber sollten sie ihre Wohnung erwärmen, die Regen, Schnee oder wilder Nordwind bedrohte? Das Feuer der Götter fehlte.

Wieder eilte Prometheus zum Himmel, näherte sich dem vorüberfahrenden Sonnenwagen und setzte daran eine Fackel in Brand. Mit diesem geraubten Feuerzunder kam er zurück auf die Erde, und bald flammte der erste Holzstoß auf.

Zeus blickte finster im Rate der Götter, da er an den Frevel des Prometheus dachte, und er ergrimmte vor Zorn, als er das Feuer im fernhinleuchtenden Glanz unter den Menschen emporsteigen sah. Sofort formte der Donnerer ein blendendes Übel für die Bewohner der Erde: das Scheinbild einer schönen Frau, Pandora, die von allen Beschenkte, genannt, weil jeder der Unsterblichen ihr eine Gabe verlieh. Von Zeus geleitet, fand das verwirrende Geschöpf mühelos zu den Titanen hin.

Prometheus mahnte wohl zur Vorsicht: „Ich fürchte die Geschenke des Himmels. Zeus zürnt des Feuers wegen, das ich gestohlen und hinunter zu den Menschen brachte."

Sein Bruder Epimetheus doch – was „Nachbedacht" bedeutet – war bezaubert von Pandora und überhörte jede Warnung.

Die Frau trug in den Händen ein besonderes Geschenk, ein geräumiges Gefäß, mit einem Deckel versehen. Von Neugier geplagt, Epimetheus listig ermunternd, schlug sie den Deckel zurück, daß beide den Inhalt erspähten.

Da flog heraus ein ganzer Schwarm von Übeln: Neid, Bosheit und Rache, Krankheit, Elend und Tod, und überflutete die ganze Erde im Nu. Nie mehr würden die

Menschen wetteifern mit Göttern, nun hatten sie schlimmere Feinde als reißende Tiere: Unheil und Leid. Geblieben im Gefäß war nur die Hoffnung – die Hoffnung, die die Menschen nie verläßt.

Unersättlich war Zeus in seinem Rachedurst gegen Prometheus: „Wer des Himmels Feuer gestohlen, werde bestraft, wie es seine Liebe zu den Menschen verdient! Geschmiedet mit unauflöslichen Ketten an die höchste Felswand des Berges Kaukasos soll er in der Sonne versengen. Von seiner Leber soll täglich zehren ein Adler als Gast, und in unermüdlichem Spiel soll nachwachsen jegliches Stück, das dieser verschlungen."

Hoch auf dem Berg, nahe den Horsten der Adler, fesselte Hephaistos, des Himmels lahmer Schmied, widerwillig an den Fels den Titanen.

Der aber stöhnte nicht, noch flehte er um Gnade; ihn reute nicht, was er getan. Er duldete den Fels, den Adler und die Kette – was er an Schmerz nur fühlen konnte – und zeigte weder Göttern noch Menschen seine Qual.

*Nacherzählt von Hans Eich*

Erst Herakles befreite Prometheus von seinen Leiden, indem er den Adler durch einen Pfeilschuß tötete.

– *Was bedeutete das Geschenk des Prometheus für die Menschen?*

– *Weshalb wurde Prometheus von Zeus bestraft?*

*Der gefesselte Prometheus wird durch einen Pfeilschuß des Herakles von dem quälenden Adler befreit.*

## Gefährdung des Menschen durch die Natur

### Die große Flut

Es starben Adam und Eva, es starb auch Kain; ihre Nachkommen aber verbreiteten sich über die Erde und dachten immer weniger an Gott. Laster und Gewalttätigkeit nahmen überhand. „Ich will dem ein Ende machen", rief Gott. „Mir tut es leid, daß ich den Menschen in die Welt gesetzt habe, und ich werde die Erde, die ich schuf, vernichten. Nur Noah soll gerettet werden."

Gott hieß Noah, ein großes Schiff, eine Arche, zu zimmern. Diese überragte bald mächtig wie eine Klippe Noahs Haus. Als sie fertig war, rief Noah, wie Gott ihm befahl, die Tiere herbei, Löwen aus dem Urwald, Giraffen aus der Steppe, Kamele aus der Wüste und alle die andern, zwei von jeder Sorte. Und so zogen sie stampfend und schnaubend und brüllend und wiehernd in die Arche. Zuletzt ging Noah mit seiner Familie hinein und zog den Laufsteg hoch. Alles war bereit.

Und nun regnete es. Es regnete und regnete und regnete. Es regnete, bis die Tümpel zu Fluten und die Fluten zu Seen wurden. Die Seen flossen zusammen mit dem Meer, und Noah konnte das Wasser, das auf das Dach prasselte, nicht mehr von dem Wasser unterscheiden, das unten an die Schiffsplanken schlug.

Schließlich hörte es auf zu regnen. Noah öffnete ein Fenster und wohin er blickte, war nichts als Wasser; selbst die höchsten Berge waren davon bedeckt, alles Leben war darin ertränkt.

Die Sonne schien, der Wind blies, und das Wasser begann zu sinken. Es sank und sank. Da schickte Noah einen Raben aus, um Land zu suchen. Aber der Rabe fand nichts, um sich niederzulassen und kehrte abends zur Arche zurück.

Die Sonne schien, der Wind blies, und das Wasser sank weiter. Nun schickte Noah eine kleine weiße Taube aus. Sie kreiste, bis sie außer Sicht war; am Abend aber kehrte sie zurück mit einem grünen Olivenzweig im Schnabel. Noah staunte mit Tränen in den Augen auf dies erste Zeichen der sprießenden Erde nach der großen Flut.

Endlich setzte die Arche an einem Hang des Berges Ararat auf. Noah ließ den Laufsteg hinab und ging mit seiner Familie an Land, die einzigen Menschen auf der

reingewaschenen Erde. Stampfend und schnaubend und brüllend und wiehernd drängten die Tiere nach – es waren jetzt schon weit mehr als zwei von jeder Sorte. Sie hüpften und wälzten sich vor Freude auf dem jungen Gras, und ohne ihren Retter Noah noch eines Blickes zu würdigen, stürmten sie hinweg zum nächsten Wald. Als Noah ihnen nachblickte, erschien über dem Berg ein wunderbarer Regenbogen. Und während sich Noah anbetend zu Boden warf, erreichte ihn die Stimme Gottes:

„Dieser Regenbogen sei das Zeichen des ewigen Bundes, den ich schließe zwischen mir und allen lebenden Wesen. Niemals wieder soll eine Sintflut die Erde um der sündigen Menschen willen verderben. Denn der Mensch ist ein schwankendes Geschöpf und er kann nicht ohne meine Hilfe leben."

Noah betätigte sich nun wieder als Landmann. Er pflanzte die ersten Weinreben und als er den Wein kostete und merkte, wie gut er schmeckte, trank er viel zu viel davon und bekam einen mächtigen Rausch, so daß seine Söhne ihn zu Bett bringen mußten.

– *Wie reagiert Gott auf die Bosheit der Menschen?*

– *Welche Vorstellung von Gott erscheint hierdurch?*

– *Die Sintflut – eine lebensbedrohende Katastrophe. Kennt ihr ähnliche Ereignisse, bei denen die Naturgewalten die Menschen bedrohen?*

– *Wie reagieren heute die Menschen darauf? Wie erklärt ihr es euch, daß es Menschen gibt, die Katastrophen geradezu besichtigen wollen? (Es gibt schon das Wort „Katastrophentourismus").*

Natur als Schöpfung

**Gefährdung der Natur durch den Menschen**

- *Vergleicht beide Brücken miteinander!*

- *Wie wurde die kleine gebaut? Welche Aufgabe sollte sie erfüllen? Wie wurde die große konstruiert? Was war dazu alles nötig? Welche Aufgabe wird sie erfüllen? Ist diese Aufgabe nur negativ zu beurteilen? Begründe!*

- *Handelt es sich hierbei um einen „Eingriff in die Natur"?*

# Natur-Quiz

Die Kennbuchstaben der Lösung ergeben das Lösungswort

1. Welcher Vogel baut ein Nest aus Lehm?
   S   Elster
   T   Amsel
   U   Mehlschwalbe

2. Besonderes Merkmal der Kohlmeise ist
   K   gegabelter Schwanz
   L   ganz schwarzes Gefieder
   M   auf dem Kopf und an der Brust schwarz

3. Zu welchem Baum gehört dieses Blatt?
   W   Eiche
   F   Buche
   E   Esche

4. Was ist ein Hallimasch?
   D   Krebs
   E   Pilz
   F   Insekt

5. Womit beschäftigt sich die Ökologie?
   L   Mit den Lebewesen in ihrer Umwelt
   M   Mit den Schadstoffen
   N   Mit der Entstehung des Lebens

6. Wofür verbraucht ein Haushalt am meisten Trinkwasser pro Tag?
   R   Kochen, Trinken
   A   Waschen
   T   Toilettenspülung

7. Eine wesentliche Aufgabe des Waldes ist der Schutz vor Erosion. Was versteht man unter Erosion?
   I   Austrocknung
   K   Abtragung
   L   Erkrankung

8. Eine wesentliche Ursache für das Waldsterben sind die Stickoxide. Wodurch werden sie hauptsächlich freigesetzt?
   E   Verkehr
   I   Industrie
   S   Kraftwerke

9. Wieviel Prozent des Waldes in Deutschland war 1992 noch ganz gesund?
   B   68%
   C   52%
   N   32%

10. Im Zusammenhang mit Schadstoffen spricht man von Emission. Was versteht man darunter?
    N   Ausstoß
    B   Aufnahme
    C   Kreislauf

11. Die beste Maßnahme, um mit dem Müllproblem fertigzuwerden, ist:
    D   Müllverbrennung
    F   Müllsortierung
    E   Müllvermeidung

12. Wieviel Fläche steht einem Käfighuhn in der Massentierhaltung laut Verordnung zu?
    N   50 × 35 cm
    E   35 × 25 cm
    R   24 × 18 cm

Lösung auf Seite 186

# Verpflichtung zur Verantwortung

### Albert Schweitzer: „Ehrfurcht vor dem Leben"

All das, was wir jetzt über den Umgang des Menschen mit der Natur erfahren haben, zeigt uns, daß wir unser Verhalten überdenken sollten. Wer ist denn nun verantwortlich für all die Probleme, die wir heute haben? Wir selbst? Einer, der sich schon recht frühzeitig mit diesen Fragen beschäftigt hat, war Albert Schweitzer (1875–1965); ein Arzt, Theologe und Kulturkritiker. Er stellte ein Prinzip auf, das man „Ehrfurcht vor dem Leben" nannte.

### Ehrfurcht vor dem Leben

Wem das Leben heilig ist, der reißt kein Blatt vom Baum ab, bricht keine Blume und hat acht, daß er kein Insekt zertritt. Geht er nach dem Regen auf der Straße und erblickt einen Regenwurm, so bedenkt er, daß er in der Sonne vertrocknen muß, wenn er nicht rechtzeitig auf Erde kommt, in der er sich verkriechen kann. Er befördert ihn von den Steinen hinunter ins Gras. Kommt er an einem Insekt vorbei, das in einen Tümpel gefallen ist, so nimmt er sich Zeit, ihm ein Blatt oder einen Halm zur Rettung hinzuhalten. Er fürchtet sich nicht, als sentimental belächelt zu werden. Es ist das Schicksal jeder Wahrheit, vor ihrer Anerkennung ein Gegenstand des Lächelns zu sein.

Einst galt es als Torheit, anzunehmen, daß die farbigen Menschen wahrhaft Menschen seien und menschlich behandelt werden müßten. Die Torheit ist zur Wahrheit geworden.

Ich freue mich über die neuen Schlafkrankheitsmittel, die mir erlauben, Leben zu erhalten, wo ich früher qualvollem Siechtum zusehen mußte. Jedesmal aber, wenn ich unter dem Mikroskop die Erreger der Schlafkrankheit vor mir habe, kann ich doch nicht anders, als mir Gedanken darüber machen, daß ich dieses Leben vernichten muß, um anderes zu erretten.

Ich kaufe Eingeborenen einen jungen Fischadler ab, den sie auf einer Sandbank gefangen haben, um ihn aus ihren grausamen Händen zu erretten. Nun aber habe ich zu entscheiden, ob ich ihn verhungern lasse oder ob ich täglich soundso viele Fischlein töte, um ihn am Leben zu erhalten. Ich entschließe mich für das letztere. Aber jeden Tag empfinde ich es als etwas Schweres, daß auf meine Verantwortung hin dieses Leben dem andern geopfert wird.

– *Formuliert mit euren eigenen Worten, was Albert Schweitzer unter „Ehrfurcht vor dem Leben" versteht!*

– *Worin könnt ihr ihm zustimmen – was fällt euch besonders schwer?*

– *Überlegt: Weshalb hatten beide deutsche Staaten eine Briefmarke zu Albert Schweitzer herausgebracht?*

– *Informiert euch in einem Lexikon über das Leben von Albert Schweitzer!*

# Glossar

| | |
|---|---|
| *Absud* | veraltetes Wort für eine durch Abkochen gewonnene Flüssigkeit |
| *ad acta* | „zu den Akten legen"; etwas weglegen, nicht mehr beachten |
| *Alraune* | ein menschenähnlicher Wurzelstock, der als Zaubermittel galt gegen Behexen des Viehs oder um Geld, Liebe usw. zu erlangen |
| *Atari* | hier: Computerspiele |
| *ausloten* | herausfinden, was möglich ist. Ein Lot ist ein kegelförmiges Metallstück, das an einem Faden mit der Spitze nach unten aufgehängt wird, um die senkrechte Richtung herauszufinden |
| *autoritär* | unbedingten Gehorsam verlangend |
| *Chips* | Spielmarken beim Glücksspiel |
| *Dämon* | Zwischenwesen zwischen Göttern und Menschen, die in gutem oder bösen Sinne auf die Menschen einwirken können; bei vielen Völkern spielte der Glaube an Dämonen eine wichtige Rolle; Krankheiten, schlimme Schicksalsschläge aber auch Heilung und Rettung wurde auf Dämonen zurückgeführt |
| *deliktfähig* | die Fähigkeit, das Unrecht einer Straftat zu verstehen |
| *Dialog* | Zwiegespräch – eine Unterredung zwischen zwei oder mehreren Personen |
| *Eisenwurz* | eine Pflanze, die früher für Heilmittel verwendet wurde |
| *Engagement* | Verpflichtung und Einsatzbereitschaft bei der Erfüllung bestimmter Aufgaben |
| *Etikette* | Regeln für das Verhalten der Menschen im Umgang miteinander |
| *Garten Eden* | Paradies |
| *Greenpeace* | internationale Umweltschutzorganisation |
| *Gruppendruck* | man verhält sich, wie die Gruppe es will, obwohl man selbst anders entscheiden möchte |
| *Hottentotte* | Angehöriger eines Mischvolkes in Südwestafrika |
| *Investitionsgüter* | langlebige Wirtschaftsgüter, z. B. Maschinen, Werkzeuge |
| *Jahwe* | Name Gottes im alten Testament |
| *Käsesturz* | Glashaube über einer Käseplatte |
| *Kompetenz* | Zuständigkeit durch eigenes Können |
| *Kultur* | Unter Kultur verstehen wir die menschlichen Eingriffe in die Natur. Erweitert lassen sich unter diesem Begriff auch alle geistigen und künstlerischen Lebensäußerungen der Menschen verstehen. Auch sprechen wir von Kultur, wenn wir eine besonders feine Lebensart oder Erziehung und Bildung meinen. Aber auch die Zucht von Bakterien auf Nährböden, die Nutzung und Bebauung von Ackerboden und der junge Bestand von Forstpflanzen wird als Kultur bezeichnet |
| *laisser-faire* | Ungezwungenheit, Gewährenlassen |
| *„Nach uns die Sintflut"-Denken* | Sich keine Gedanken machen um das, was nach einem passieren wird – egoistisches Handeln |
| *Natur* | Unter Natur wird alles verstanden, was von menschlicher Tätigkeit unverändert da ist und bleibt; die ohne menschliches Zutun entstandene, den Menschen umgebende Welt |
| *Natureuphorie* | Naturbegeisterung |

## Glossar

| | |
|---|---|
| *Nitrat* | Salz der Salpetersäure |
| *Ökologie* | Wissenschaft von den Beziehungen der Lebewesen zu ihrer Umwelt (Teilgebiet der Biologie) |
| *Pestizide* | chemisches Schädlingsbekämpfungsmittel |
| *Phonotruhe* | früher ein kleiner Schrank mit Plattenspieler, Radio, Schallplatten |
| *Quadrophonie* | besondere Klangwirkung bei der Wiedergabe von Musikstücken, durch vier Kanäle hervorgerufen |
| *Sabbat* | in der jüdischen Religion der Samstag als Ruhetag |
| *soziales Denken* | sich besonders für die ärmeren und schwächeren Mitglieder einer menschlichen Gemeinschaft einsetzen |
| *Schlendrian* | ein anderes Wort für Schlamperei |
| *Stickstoffoxide* | Verbindung zwischen Stickstoff und Sauerstoff |
| *Schwefeldioxid, Stickoxide* | sind Gase, die bei der Verbrennung von Kohle, Erdöl und Erdgas freigesetzt werden. Sie verbinden sich mit Wasser zu Säuren → Saurer Regen |
| *Toleranz* | Verständnis für andere |
| *Treibhauseffekt* | Die Erdatmosphäre (78 % Stickstoff, 1 % Sauerstoff, 1 % Edelgase und 0,03 % Kohlendioxid) wird sich langsam erwärmen durch die Zunahme des Kohlendioxidgehalts. Ursachen für die Zunahme des Kohlendioxidgehalts: 1. Verbrennung von Energieträgern (Kohle, Erdgas, Heizöl); 2. Abholzung der tropischen Regenwälder und damit Freisetzung des gebundenen Kohlenstoffs. (Bei Problemen bitte die Biologielehrerin oder den Biologielehrer fragen) |
| *Uferfiltrat* | ist Flußwasser, das durch den Ufer- und Flußuntergrund sickert, dabei mehr oder weniger gereinigt zu Grundwasser wird |
| *Unfallbilanz* | Überblick über die Häufigkeit und Ursachen bei Unfällen |
| *Wirtschaftswunder* | unerwartet schneller wirtschaftlicher Aufschwung in Westdeutschland nach dem 2. Weltkrieg |
| *Zisterzienserklöster* | Klöster eines Mönchsordens; ausgehend von dem benediktinischen Reformkloster Citeaux, 12. Jh. |

Lösungswort „Natur-Quiz" Seite 183:

## **Umweltkenner**

# Textnachweise

| | | | |
|---|---|---|---|
| S. 8 | Selber leben – Helmut Zöpfel, Mitteilungsblatt für d. Freundeskreis d. Weltweiten Kinderhilfe e. V. (Selbstverlag), Kühlenbergstraße 25, 97078 Würzburg, 21. Jahrgang, März 1993, Nr. 1, S. 10 | S. 42 | Höflichkeit – aus „Ein und alles", S. 52, a. a. O. |
| S. 9 | Dann gehe ich – Manfred Mai, Mutmach-Geschichten, Otto Maier Verlag, Ravensburg, 1985, S. 31–36 | S. 44 | Ein neues Gesetz – aus „Ein und alles", S. 111, a. a. O. |
| | | S. 45 | Stefan u. Katrin sahen nicht gerade... – Wilfried Pioch, „Die neue Kinderbibel", Illustration Eva Bruchmann, Stuttgart, © Agentur des Rauhen Hauses, Hamburg, 1989 |
| S. 12 | Anna – Peter Härtling, Beltz Verlag, Weinheim, 1975 | | |
| S. 15 | Fairneß – dtv-Lexikon, Bd. 5, Deutscher Taschenbuch Verlag, München, S. 212 | S. 46 | Mose war sehr froh... – Wilfried Pioch, „Die neue Kinderbibel", a.a.O., S. 58, 59, 60 |
| S. 20 | Erwartungen – Hoffnungen – Wünsche ... – Bruno Körner, Originalbeitrag | S. 48 | Die Gebote der Papuas – aus Horizont „Gewissen – Norm – Gebot", Institut für Religionspädagogik der Erzdiözese Freiburg, Habsburger Str. 107, Freiburg, „Lehret alle Völker", Christian Keysser, Neuendettelsau, 1960, S. 9 |
| S. 21 | Vorschläge eines Beratungslehrers – Bruno Körner, Originalbeitrag | | |
| S. 22 | Das wünsche ich mir von meinen Eltern – Annedore Schultze, Zeitschrift PZ Nr. 50, Sept. 1987, „Wenn nur die Menschen nicht wären", S. 12, Bundeszentrale f. politische Bildung, Bonn 1 | | |
| | | S. 51 | Stellt euch folgende Situation vor – „Jugendkriminalität" Weißer Ring, Informationen und Bausteine für Unterricht und außerschulische Jugendarbeit, Bundesgeschäftsstelle, Weberstr. 16, Mainz-Weisenau, 6. Auflage, 1990, S. 012a |
| S. 23 | Alle sind zufrieden mit mir – „Ein und alles", Christine Nöstlinger u. Jutta Bauer © 1992 Beltz Verlag, Weinheim u. Basel, S. 14 | | |
| S. 24 | Rechte und Pflichten in der Familie – Bundeszentrale für politische Bildung, Bonn, Zeitschrift PZ Nr. 52, Seite 7, März 1988 | S. 51 | Der Starke oder ... – „Jugendkriminalität" Weißer Ring, a. a. O. |
| | | S. 52 | Jürgen aus der ... – „Jugendkriminalität" Weißer Ring, S. D 10, a. a. O. |
| S. 25 | Schulordnung für die Schulkinder – „Fertig ausgearbeitete Unterrichtsbausteine für das Fach Ethik/Werte und Normen", Christoph Kunz, Weka Fachverlag, W-86438 Kissing, 1990, Teil 6/4.2, Seite 1/2 | S. 53 | Die Schule im Schlaraffenland – Lesebuch 5, © 1985 Diesterweg Frankfurt, S. 73, Bauer Franz, Begegnungen Bd. 1, hrsg. H. Caspers, Hannover, Schroedel 1966 |
| | | S. 55 | Mittelalterliche Strafen – „Jugendkriminalität" Weißer Ring, S. O 12a, a. a. O. |
| S. 28 | Klassenordnung – „Am Montag fängt die Woche an", 2. Jahrbuch der Kinderliteratur, © 1973, 1990 Beltz Verlag, Weinheim und Basel, S. 110, hrsg. von Joachim Gelberg | S. 55 | Das Berühren der Ware ... – „Jugendkriminalität" Weißer Ring, S. 0 12a, a. a. O. |
| | | S. 56 | Gesetz über die Beseitigung von Abfällen – „Jugendkriminalität" Weißer Ring, a. a. O. |
| S. 30 | Aus der Straßenverkehrsordnung – „Zeichen und Regeln", Eine Fibel für Verkehrsteilnehmer des Innenministeriums und Verkehrsministeriums von Baden-Württemberg, 1992 (Oktober) | | |
| | | S. 59 | Zu den Kindern ... – „Jugendkriminalität" Weißer Ring, S. 8, a. a. O. |
| | | S. 63 | Der zehnjährige Max ... – aus Sprachwelt 6, Sprachbuch für Realschulen, S. 108, Ausgabe S, © 1985 Schroedel Hannover |
| S. 31 | Sturzgefahr! Achtung aufgepaßt! – Faltblätter „So werden Kinder sattelfest", © ADAC–Zentrale, Abt. VEA, Am Westpark 8, 81373 München | | |
| | | S. 64–67 | Die Mutprobe – aus Lesebuch 6, Diesterweg Ausgabe Süd, © 1985 Diesterweg Frankfurt, S. 47–51, dort als Quelle Vorstadtkrokodile, Max von der Grün, München, Gütersloh, Bertelsmann 1976 |
| S. 36 | Zum Nachdenken – „Löwensteiner Cartoon-Service", Erwachsenenbildung, Verlag Rissen, Iserbag 1, 22559 Hamburg, 1992, Heft 4, S. 24 | | |
| S. 39 | Zum Schluß sollen... – „Das neue Buch der Etikette", Sylvia Lichem von Löwenbourg, © 1987 Droemer/Knaur, München, S. 41 | S. 70 | Herr Fischer und seine Frau – Der fliegende Robert, Jahrbuch der Kinderliteratur, S. 178/179, hrsg. von Hans-Joachim Gelberg, © 1977, 1991 Beltz, Weinheim |
| S. 41 | Bei den Hottentotten – aus „Ein und alles", Christine Nöstlinger und Jutta Bauer, © 1992 Beltz Verlag Weinheim und Basel, S. 152 | S. 74 | Die Wut – „Menschgeschichten", 3. Jahrbuch der Kinderliteratur, © 1975, 1991 Beltz, Weinheim, S. 75, hrsg. Hans-Joachim Gelberg |

# Textnachweise

| | |
|---|---|
| S. 74 | Das letzte Wort haben ... – „Menschgeschichten", a. a. O. |
| S. 78 | Zwischen Peter ... – Sprachwelt 6, Sprachbuch f. Realschulen, S. 106/107, a. a. O. |
| S. 80 | Ohrfeigen – „Ein und alles", Christine Nöstlinger und Jutta Bauer, © 1992 Beltz Verlag, Weinheim und Basel, S. 31 |
| S. 82 | Die Möhre – Lesebuch 5 Ausgabe Süd, S. 139–141, © 1985 Diesterweg Frankfurt, dort als Quelle Peter Härtling „Geh und spiel mit dem Riesen", hrsg. von H.-J. Gelberg, Weinheim, Basel, Beltz und Gelberg 1971 |
| S. 85 | Liebe Mutter – „Ein und alles", Christine Nöstlinger u. Jutta Bauer, © 1992 Beltz Weinheim u. Basel, S. 252 |
| S. 86 | In jeder Familie ... Broschüre „Eltern und Kinder", hrsg. von Bundeszentrale für Gesundheitliche Aufklärung, Köln im Auftrag des Bundesministers für Jugend, Familie und Gesundheit, Bonn, Gestaltung acon Köln, Druck VOD Heidelberg, S. 19 |
| S. 88 | Sich regen... – „Ein und alles", S. 15, a.a.O. |
| S. 88 | Nimm zwei große Löffel ... – „Ein und alles", S. 332, a. a. O. |
| S. 89 | Bodo B. – „Menschgeschichten", © 1975, 1991 Beltz Weinheim u. Basel, S. 196, 197, 198, hrsg. von Hans-Joachim Gelberg |
| S. 90 | Uli und ich – „Geh und spiel mit dem Riesen", ©1971, 1990 Beltz, Weinheim u. Basel, S. 283/284, hrsg. von Hans-Joachim Gelberg |
| S. 91 | Mut – Weißer Ring, Materialien zum Einsatz in Unterricht und außerschulischer Jugendarbeit, Bundesgeschäftsstelle, Weberstr. 16, Mainz–Weisenau, Tel. 0 61 31 / 8 30 30-0, S. D 14, 6. Auflage 1988/1990 |
| S. 93 | Selbsthilfe – „Ein und alles", S. 29, a. a. O. |
| S. 93 | Mut zu dir selbst! – „Nur Mut", Günter Riediger, Bergstr. 30a, 46236 Bottrop |
| S. 96 | Abends um sieben ... – „Alltag in der Familie", Renate Treiber, Eva Hamann, © 1979 Landkreistag Baden-Württemberg, Panoramastr. 37, 70174 Stuttgart, S. 30/31 |
| S. 96 | Lieber Gott ... – „Neue Kinderbriefe an den lieben Gott", Gerd Mohn, Gütersloh, GTB Siebenstern, 5. Auflage 1983, S. 3 |
| S. 97 | Mutter schimpft: Peter denkt: – „Am Montag fängt die Woche an", 2. Jahrbuch der Kinderliteratur, © 1973, 1990 Beltz, Weinheim u. Basel, S. 58/59, hrsg. Hans-Joachim Gelberg |
| S. 100 | Was wäre, wenn – „Ein und alles", S. 338 a. a. O. |
| S. 107 | Die Menschen von heute ... – sehen, werten, handeln, bsv Ethik 7.–10. Jahrgangsstufe, Wolfgang Bender, Helga Offermanns, © 1988, Bayerischer Schulbuch Verlag, Hubertusstr. 4, München, 2. Auflage, S. 239/240, dort als Quelle Doig Desmond „Mutter Teresa", Herder Freiburg, 1979, S. 110 und Klappentext |
| S. 109 | Karlheinz Böhm wird 65 – Neckar- u. Enzbote Nr. 61, Verlag u. Druck Ungeheuer + Ulmer KG GmbH + Co, Körnerstr. 14–18, Ludwigsburg, 15. 3. 1993, S. 14 |
| S. 111 –114 | Der kleine häßliche Vogel – Werner Heiduczek, Kinderbuch-Verlag, Berlin-Ost, 1973 |
| S. 115 | Der Wald als Biozönose – Zeitschrift Natur 8/92, Redaktion Gustav Heinemann, Ring 212, 81739 München |
| S. 115 | Gleichgewicht – Zeitschrift Natur 8/92, a. a. O. |
| S. 115 | Das gestörte Gleichgewicht – Zeitschrift Natur 8/92. a. a. O. |
| S. 116 | Naturgemäße Waldwirtschaft – die Wende im Wald – Zeitschrift Natur 8/92 a. a. O. |
| S. 116 | Abhacken und neupflanzen ... – Natur 2/93, a. a. O. |
| S. 118 | Alte Baumstümpfe beherbergen nützliche Untermieter – Natur 8/92, a. a. O. |
| S. 126 | Einsparungen, die sich gewaschen haben – Thilo Neuhaus, DM – Das private Wirtschaftsmagazin, Kasernenstr. 67, Düsseldorf, Nr. 2, 1987, S. 48 |
| S. 128 | Frühling – Wunderwelt Acker u. Feld, C.-P. Hutter, F.-G. Link, Thienemann Verlag, Stuttgart, 1992, S. 9–10 u. S. 183–184 |
| S. 128 –129 | Wunderwelt Acker und Feld – Wunderwelt Acker und Feld, C.-P. Hutter, F.-G. Link, Thienemann Verlag, Stuttgart 1992, S. 9–10, S. 183–184 |
| S. 132 | Ökologische Landwirtschaft – Peter Bach u. Margot Franken, Leben und lernen in Zusammenhängen, AOL-Verlag, Lichtenau 1986, S. 81 |
| S. 133 | Übergang v. d. Natur zur Kulturlandschaft – Horst Fuhrmann, Deutsche Geschichte im hohen Mittelalter, Kleine Vandenhoeck-Reihe, Bd. 1438, Vandenhoeck & Ruprecht, Göttingen, 1978, S. 17 f. |
| S. 133 | Überlegte und fördernde Eingriffe – John Seymour, Und dachten, sie wären die Herren, Der Mensch und die Einheit der Natur, Deutscher Taschenbuch Verlag GmbH & Co. KG, München, dtv TB Bd. 10282, S. 83f |
| S. 135 | Keine Besserung – Globus Verlag GmbH, Wandsbeker Zollstr. 5, Hamburg, 47. Jg., 16. 11. 1992, Dc-9888, Statistische Angaben BMELF |
| S. 136 /137 | Ist unser Erzgebirgswald noch zu retten? – Dr. Mario Marsch, Forstwirtschaft in Sachsen, Naturnahe Waldbewirtschaftung d. Waldumbau, Freistaat Sachsen, Werbeagentur perform GmbH, Bärensteiner Str. 27/29, Dresden S. 14–15 |

# Textnachweise

S. 138 Die Elbe – Prüfstein europäischer Umweltpolitik – Staatsministerium f. Umwelt u. Landesentwicklung, Ostra-Allee 23, Dresden, Broschüre Umwelt in Sachsen

S. 140 Zur UNO-Konferenz ... – Globus Verlag GmbH, 47. Jg., 18. 5. 1992, Dc-9573, a. a. O.

S. 141 Folgen der Luftverschmutzung – Der Bundesminister für Umwelt, Naturschutz und Reaktorsicherheit (Hrsg.), Umwelt 90. Luftreinhaltung, Lärmbekämpfung, Bonn 1990, S. 39

S. 141 Emissionen und Immissionen – Der Bundesminister für Umwelt, Naturschutz und Reaktorsicherheit, S. 12–13, 27 a. a. O.

S. 142 Abfallvermeidende Maßnahmen sind insbesondere – Staatsministerium für Umwelt und Landesentwicklung, Freistaat Sachsen

S. 144 Schüler boykottieren Schulmilch im Plastikbecher – Eckhart Spoo, Wolfsburgs Schüler boykottieren Schulmilch im Plastikbecher, in Frankfurter Rundschau v. 21. 3. 1990, S. 30

S. 145 Vier Monate lang ... – Die 5c und die Nordsee, Martin Geffrath, Die Zeit, Nr. 41 v. 7. 10. 1988, S. 60, Zeitverlag Verlag Gerd Bucerius GmbH & Co. KG, Hamburg

S. 146 Müllvermeidung – Umwelttips für Schüler, Wolfgang Huber, Winzerkellerstr. 8, Bühl

S. 146 Abfallsortierung – Umwelttips für Schüler a. a. O.

S. 146 Recycling für jedermann – Umwelttips für Schüler a. a. O.

S. 147 Energie – Umwelttips für Schüler a. a. O.

S. 148 Energiesparen in der Schule – Umwelttips für Schüler a. a. O.

S. 148 Energiesparen auf dem Schulweg – Umwelttips für Schüler a. a. O.

S. 148 Energiesparen zu Hause – Umwelttips für Schüler a. a. O.

S. 149 Batterien – Umwelttips für Schüler a. a. O.

S. 149 Taschenrechner – Umwelttips für Schüler a. a. O.

S. 149 Armband-Uhren – Umwelttips für Schüler a. a. O.

S. 150 Essen und Trinken – Umwelttips für Schüler a. a. O.

S. 151–154 Ein Bär wächst bis zum Dach – Hans Bender, „Die halbe Sonne", Signal Verlag Hans Frevert, Baden-Baden, ohne Jahr

S. 155 Humorlos – Erich Fried, Buch Anfechtungen, Klaus Wagenbach Verlag GmbH, Berlin, 1973

S. 156–161 Die Spitzin – Marie von Ebner-Eschenbach, Erzählungen nach dem Text der 1. Gesamtausgabe Berlin 1893, hrsg. J. Klein im Winkler Verlag, München

S. 162 Der Tierschutzverein rät: – Mitteilungsblätter, Deutscher Tierschutzbund, Bonn, Baumschulallee 15

S. 165 Der Goldhamster auf einen Blick – Deutscher Tierschutzbund a. a. O.

S. 166 Die Haltung von Hunden – Deutscher Tierschutzbund a. a. O.

S. 167 Haltung – Deutscher Tierschutzbund, a.a.O.

S. 167 Wo kauft man einen Hund? – Deutscher Tierschutzbund, a. a. O.

S. 168–170 Lieben heißt loslassen können – Wolfdietrich Schnurre, Was ich für mein Leben gern tue, Luchterhand Hermann Verlag GmbH & Co. KG, Neuwied, 1967

S. 170 Der Deutsche Tierschutzbund e. V. dient dem Schutze ... – Deutscher Tierschutzbund e. V., a. a. O.

S. 174 Wie sieht die Käfighaltung aus? – Deutscher Tierschutzbund, a. a. O.

S. 174 Sichtbare Schäden an Legehennen durch die Käfighaltung – Deutscher Tierschutzbund, a. a. O.

S. 174 Der Deutsche Tierschutzbund ... – Deutscher Tierschutzbund, a. a. O.

S. 175 Wir sehen als Alternativen – Deutscher Tierschutzbund, a. a. O.

S. 175 Was können Sie tun? – Deutscher Tierschutzbund, a. a. O.

S. 176 Der Mensch als Teil der Schöpfung – Wilfried Proch, Die neue Kinderbibel, Mit Kindern von Gott reden, Agentur des Rauher Hauses, Hamburg, Echter Verlag, Würzburg, S. 10–11

S. 178 Prometheus – Hans Eich, Die großen Sagen der Welt, Eine Auswahl, nacherzählt von Hans Eich, Otto Maier Verlag, Ravensburg, 1960

S. 180 Die große Flut – Philip Turner, Atlantis Kinderbibel, Atlantis Verlag Zürich u. Freiburg/Breisgau, 1969, S. 11–15

S. 184 All das, was wir jetzt – Grabs Rudolf, Albert Schweitzer, Reclam Verlag, Ditzingen, 1953, S. 84

S. 184 Ehrfurcht vor dem Leben – Grabs Rudolf, Albert Schweitzer, a. a. O.

S. 184 Ich freue mich ... – Grabs Rudolf, Albert Schweitzer, a. a. O.

# Bildnachweise

S. 7 o.  Mädchen am Computer – Harald Herrmann
S. 7 u.  Tischtennis – Harald Herrmann
S. 10  Kind vor d. Fenster – Nanette Zimmermann
S. 13  Kinder – Harald Herrmann
S. 15  Fair play – Presse Foto Baumann, Ludwigsburg
S. 17  Kinder – Harald Herrmann
S. 20  Bild drei Schüler – Harald Herrmann
S. 29  Wie schön – auch Lehrer können spielen! – Bergedorfer Kopiervorlagen 2, Ursula Lassert, „50 Bildgeschichten für die Sekundarstufe I", © 1979 Verlag Sigrid Persen, Dorfstr. 44, Horneburg/Niederelbe, 5. Auflage 1990, S. 37
S. 31 l.  Gefahren vor dir – Faltblätter „So werden Kinder sattelfest", © ADAC – Zentrale, Abt. VEA, Am Westpark 8, München
S. 31 r.  Gefahren von der Seite – Faltblätter „So werden Kinder sattelfest", a. a. O.
S. 32 o.  Radler und Fußgänger – aus Broschüre Radfahren auf Nummer Sicher, Klaus Lorenz, Karlsruhe, Innenministerium Baden-Württemberg, August 1992, S. 14
S. 32 u.  Schrittgeschwindigkeit – aus Broschüre Radfahren auf Nummer Sicher, a. a. O.
S. 33 o.  Zu Zweit auf einem Rad? – Broschüre Radfahren auf Nummer Sicher, a. a. O.
S. 33 u.  Was kümmert das andere? – Broschüre Radfahren auf Nummer Sicher, a. a. O.
S. 36  Zum Nachdenken – „Löwensteiner Cartoon-Service", Erwachsenenbildung Verlag Rissen, Iserbargl, Hamburg, 1992, Heft 4, S. 24
S. 37  Walter Scheel, Maori-Kuß – dpa
S. 39  Bild 2: Herren mit Hut! – aus „Umgang mit Menschen", Adolf Sommerauer, Kilfel Verlag, Wuppertal, © 1973 Schriftenmissionsverlag Gladbeck, 3. Auflage, S. 8, dort angegeben Zeitbild – Bavaria München
S. 41  Bei den Hottentotten – aus „Ein und alles", Christine Nöstlinger und Jutta Bauer, © 1992 Beltz Verlag, Weinheim und Basel, S. 152
S. 42  Höflichkeit – aus „Ein und alles", S.52, a. a. O.
S. 46  Moses – Wilfried Pioch, „De neue Kinderbibel", Illustration Eva Bruchmann, Stuttgart, © Agentur des Rauhen Hauses, Hamburg, 1989
S. 51  Wozu Gesetze? – Arbeitsmappe „Jugendkriminalität – Wir diskutieren", AJS Arbeitsgemeinschaft Kinder- u. Jugendschutz, Hohenzollernring 85–87, Köln, hrsg. Ministerium f. Arbeit, Gesundheit u. Soziales (MAGS) des Landes NRW

S. 52  Zwischenfall in der Pause – Arbeitsmappe „Jugendkriminalität – Wir diskutieren", a. a. O.
S. 54  Mißständnisse – aus „Neue Bildergeschichten", © 1984 Schroedel Hannover, S. 18, hrsg. Klaus Gerth, dort als Quelle: H. Dahl Mikkelsen Comics, hrsg. Ascel Brück, Carlsen Verlag, Kopenhagen, 1971
S. 58  Die „Rote Karte" – dpa Bild Nr. Ber 150/16.4.93, ZB/dpa 1013 Thomas Lehmann jz in Fotoagentur Zentralbild GmbH, Tel. 2 80 04-700/701/702, Marienstr. 20, Berlin
S. 59  Mögliche Maßnahmen bei einem Straftäter unter 14 Jahren – Arbeitsmappe „Jugendkriminalität – Wir diskutieren", a. a. O.
S. 63  Leihst du mir dein Mofa? – aus Spachwelt 6 Sprachbuch für Realschulen, Seite 108, Ausgabe S, © 1985 Schroedel Hannover, dort als Bildquelle Rita Mittelbach, Hannover
S. 66  Junge auf dem Dach – Konkordia Verlag
S. 68  Auf dem Sprungbrett – H. Herrmann
S. 70  Wunschzettel – Konkordia Verlag, Bühl
S. 72  Bildgeschichte: Wichtige Entscheidungsfragen – Zeitschrift Ethik und Unterricht 1/1993, Geschäftsführung Konrad Heydenreich, Königsberger Str. 3, Weil im Schönbuch, Tel. 0 71 57 / 6 52 76, © Moritz Diesterweg und Herausgeber S. 30, dort als Quelle „Ach, das Leben mit sieben ist schwer", © Kindt Verlag
S. 73 o.  Gefühle – „Kinder sehen und verstehen", Druckhaus Neue Presse, Coburg, Ein Eltern-Handbuch, 3. Auflage 1985, S. 53/54, hrsg. Bundesverband der Deutschen Volksbanken und Raiffeisenbanken Bonn und Deutscher Verkehrssicherheitsrat e. V., Bonn
S. 73 u.  Schreien vor Wut, Ohnmacht – „Menschengeschichten" 3. Jahrbuch der Kinderliteratur, © 1975, 1991 Beltz, Weinheim, hrsg. Hans-Joachim Gelberg, S. 235, dort als Quelle Has Mendl
S. 75  Schiedsrichter haben es schwer – „Neue Bildergeschichten", © 1984 Schroedel, Hannover, Geschichte Nr. 36, hrsg. Klaus Gerth, dort als Quelle Graham Punch, 15. 4. 1964
S. 76  Wie die Jungen zwitschern ... – e. o. Plauen Vater und Sohn Gesamtausgabe, © 1982 Südverlag Konstanz mit Genehmigung der Gesellschaft für Verlagswerke GmbH, Kreuzlingen, Schweiz

# Bildnachweise

S. 79   Auch Verlieren will gelernt sein – e. o. Plauen Vater und Sohn Gesamtausgabe, © 1982 Südverlag, a. a. O.

S. 80   Ohne Worte – „Nur Mut", von Günter Riediger, © Gütersloher Verlagshaus Gerd Mohn, Gütersloh 1984, 2. Auflage 1985, S. 22, dort als Quelle Karikatur „Flirt mit der Wäscheklammer" von Harry hargreaves, Rechte bei der englischen zeitschrift „Punch", Werner Lüning, Lübeck, deutscher Vertreter des „Punch"

S. 81   Wir planen ein Klassenfest – Zeichnungen im Auftrag für dieses Buch, angefertigt von Herrn Hans Zupnickl, Lehmgrubenweg 16, Bietigheim-Bissingen, 1993

S. 83   Kind im Garten – Konkordia Verlag, Bühl

S. 87   Superwaschanlage – „Am Montag fängt die Woche an", Jahrbuch der Kinderliteratur, © 1973, 1990 Beltz Weinheim, Basel, S. 223, hrsg. von Hans-Joachim Gelberg

S. 88   Wie löst man seine Lernprobleme? – „Ein und alles", S. 15, a. a. O.

S. 94   Susanne weiß sich nicht zu helfen – Arbeitsmappe „Jugendkriminalität – Wir diskutieren", a. a. O.

S. 96   Lieber Gott – „Neue Kinderbriefe an den lieben Gott", Gerd Mohn, Gütersloh, GTB Siebenstern, 5. Auflage 1983, S. 3

S. 97   Was hörst Du überhaupt – Konkordia Verlag, Bühl

S. 98 o.l.   Kirche – „Das neue Kursbuch Religion 5/6, © 1984 Calwer Stuttgart, Diesterweg Frankfurt, S. 127, dort als Quelle Ernst Kirschner, Ostfildern

S. 98 o.r.   Lehrwerkstatt – „P wie Politik", 9. Schuljahr Realschule, Fiederle/Filser, © 1985 Schöning, Paderborn, S. 23

S. 98 m.l.   Zelten – „P wie Politik", 7. Schuljahr Realschule, Fiederle/Filser, © 1984, Schöning, Paderborn, S. 87

S. 98 m.r.   Fußballtraining – „Stadion Aktuell" Nr. 19/11. 4. 1992, Fotos Baumann, Rudel hrsg. VFB Stuttgart e. V., Mercedesstr. 109, Stuttgart, S. 21

S. 98 u.l.   Jugendgruppe – Gitarren – Den Glauben leben, Band 6, © 1988 Herder Freiburg, S. 123, dort als Quelle Klaus Zipfel im Herder Verlag, Hermann-Herder-Str. 4, Freiburg

S. 98 u.r.   Fernsehen – Klingler, Konkordia Verlag

S. 99 o.l.   Gericht – „P wie Politik" 9. Schuljahr, S. 119, a. a. O.

S. 99 o.r.   Musikverein – „Den Glauben leben", Band 6, © 1988 Herder Freiburg, S. 7, dort als Quelle U. Schweizer

S. 99 m.l.   Fanclub – Stadion Aktuell Nr. 4, 16. 9. 1992, S. 17, a. a. O.

S. 99 m.r.   Landtagsgebäude – „P wie Politik", 7. Schuljahr, S. 157, a. a. O.

S. 99 u.l.   Kindergarten – Zeitschrift PZ Nr. 64/ März 1991, Bundeszentrale für pol. Bildung, Berliner Freiheit 7, Bonn, S. 13, dort als Bildquelle dpa

S. 99 u.r.   Schule – „P wie Politik" Gemeinschaftskunde 7. Schuljahr, S. 72, a. a. O.

S. 100   Was wäre wenn – „Ein und alles", S. 338, a. a. O.

S. 101   DER TÜRÖFFNER – Arbeitsmappe Jugendkriminalität – Wir diskutieren, a. a. O.

S. 103   Mein Gewissen ist für mich wie… – Arbeitsbuch Ethik, 9. Schuljahr Realschule, Konkordia Verlag GmbH, Bühl

S. 104   Was geht das mich an? – Löwensteiner Cartoon Service für Kirchliche Bildungsarbeit 1986/I, Schriftleitung Pfarrer Helmut Mayer, Altenhain 51, Löwenstein, Verlag Erwachsenenbildungsverlag Rissen, Iserbag 1, 22559 Hamburg, S. 13

S. 105   Außenseiter Uwe – Arbeitsmappe Jugendkriminalität – Wir diskutieren, a. a. O.

S. 106   Mutter Teresa – dpa 17. 1. 85

S. 107   Mutter Teresa – KNA Pressebild, Frankfurt, Hanauer Landstraße 220

S. 108   Karlheinz Böhm im Dorf Abdi – dpa vom 6. 10. 86, Jürgen Escher 671–682

S. 113   Der kleine häßliche Vogel – Konkordia Verlag, Bühl

S. 115   Eine Nahrungskette im Wald – Konkordia Verlag, Bühl

S. 116   Baumstämme – Harald Herrmann

S. 117   Sträucher – Harald Herrmann

S. 119   Waldweg – Harald Herrmann

S. 121 o.   Weibliches Rotwild – Stefan Meyers, Postfach 10 05 68, 04005 Leipzig, Die PIRSCH, Magazin f. Jagd, Wild, Natur Nr. 15/89, S. 30

S. 121 u.   Haus im Wald – Harald Herrmann

S. 122 o.   Bild eines Teichs – Harald Herrmann

S. 122 u.   Bild eines Schulteichs – Harald Herrmann

S. 123 o.   Fluß mit Kindern – Harald Herrmann

S. 123 u.   Fluß mit Kajaksportlern – Harald Herrmann

S. 124   Unentbehrliches Wasser – Globus Kartendienst GmbH, Hamburg

S. 125   Wasserkreislauf – Umweltschutz in Baden-Württemberg, „Wasser" des Umweltministeriums Baden-Württemberg

S. 127   Menschen in der Industriegesellschaft – Politik u. Unterricht, hrsg. von der Landeszentrale für politische Bildung Baden-Württemberg, Nr. 4, 1981, „Umweltpolitik", S. 7

S. 127   Bild – Konkordia Verlag, Bühl

S. 128   Bild mit Pflug – Harald Herrmann

S. 128   Traktor – dpa

S. 129   Acker und Feld – dpa

S. 130   Feld – Harald Herrmann

# Bildnachweise

| | | | |
|---|---|---|---|
| S. 131 | Feld mit Strohballen – Harald Herrmann | S. 140 | Moloch Großstadt – Globus Kartendienst GmbH, 47. Jg., 18. 5. 1992, Dc-9573, a. a. O. |
| S. 132 | Ökologische Landwirtschaft – Leben und lernen in Zusammenhängen, 1986, AOL-Verlag, Postfach 8, 77837 Lichtenau, S. 81/Konkordia Verlag, Bühl | S. 142 | Der Verpackungs-Aufwand – Quelle Stat. Bundesamt, Globus Kartendienst GmbH, a. a. O. |
| S. 134 | Besiedlung – Turners Pioneer History von 1850, nach Jerome Blum (Hrsg.), Die bäuerliche Welt. Geschichte und Kultur in sieben Jahrhunderten. 1982, S. 184 f, Thames & Hudson Ltd., 30, Bloomsbury Street, London WC1B 3 QP | S. 143 | Wohin mit dem Auto-Müll? – Globus Kartendienst GmbH, a. a. O. |
| | | S. 147 | Fahrrad-Recycling – Wolfgang Huber, Umwelttips f. Schüler, Naturschutzjugend im Naturschutzbund Deutschland e. V., Wolfgang Huber, Winzerkellerstr. 8, Bühl |
| S. 135 | Das Krankheitsbild vom deutschen Wald – Globus Kartendienst GmbH, Wandsbeker Zollstr. 5, Hamburg, 47. Jg., 16. 11. 1992, Dc-9888 | S. 148 | Fahrradfahrer – Wolfgang Huber, Umwelttips f. Schüler, a. a. O. |
| S. 136 o. | Ist unser Erzgebirgswald noch zu retten? – Forstwirtschaft in Sachsen. Naturnahe Waldbewirtschaftung d. Waldumbau, Freistaat Sachsen, Werbeagentur perform GmbH, Bärensteiner Str. 27/29, Dresden, S. 14–15 | S. 149 | Batterien – Wolfgang Huber, Umwelttips f. Schüler, a. a. O. |
| | | S. 150 o. | Solar-Uhren / Problemmüll – Wolfgang Huber, Umwelttips f. Schüler, a. a. O. |
| | | S. 150 u. | Getränk in Aludose – Wolfgang Huber, Umwelttips f. Schüler, a. a. O. |
| | | S. 164 | Katzen – Harald Herrmann |
| S. 136 u. | Wo der Wald stirbt – verliert der Mensch – Forstwirtschaft in Sachsen. Naturnahe Waldbewirtschaftung d.Waldumbau, a.a.O. | S. 166 | Kind mit Hund – Harald Herrmann |
| | | S. 171 | Tiertransporte – Harald Herrmann |
| S. 137 o. | Wald – Forstwirtschaft in Sachsen, a. a. O. | S. 173 | Käfighuhn – Deutscher Tierschutzbund, Bonn, Baumschulallee 15 |
| S. 137 u. | Erzgebirge/Böhmisches Industriegebiet – Forstwirtschaft in Sachsen. Naturnahe Waldbewirtschaftung d.Waldumbau, a.a.O. | S. 179 | Der gefesselte Prometheus – John Flaxmann, Sagen des klassischen Altertums, 1. Teil, Insel Verlag, Frankfurt, S. 127 |
| S. 138 | Elbe – Wolfgang Krammisch, Wiener Str. 67, Dresden, Umwelt in Sachsen, Broschüre: Wir geben der Elbe wieder Leben | S. 181 | Arche – Nanette Zimmermann? |
| | | S. 181 | Köln – dpa Bildarchiv Stuttgart, Königstr. 1 A |
| S. 139 | Der Zustand unserer Flüsse – Globus Kartendienst GmbH, a. a. O. | S. 182 o. | Große Brücke – Harald Herrmann |
| | | S. 182 u. | Kleine Brücke – Harald Herrmann |